Vorgärten

einladend gestalten

Garten ZEIT

av BUCH

Monika Biermaier

Vorgärten

einladend gestalten

av BUCH

Bildnachweis

Titelbild: Thinschmidt und Böswirth, www.gartenfoto.at
Bilder und Zeichnungen: Monika Biermaier

Impressum

Nfg. KG, Sturzgasse 1A, A-1141 Wien,
E-Mail: buch@avbuch.at, Internet: www.avbuch.at

Deutsche Nationalbibliothek – CIP-Einheitsaufnahme
Die Deutsche Nationalbibliothek verzeichnet diese Publikation in der Deutschen Nationalbibliografie; detaillierte bibliografische Daten sind im Internet über http://dnb.ddb.de abrufbar.

Projektleitung: Brigitte Millan-Ruiz, avBUCH
Redaktion: Christine Weidenweber, Weibersbrunn, www.verbene.eu
Cover und Layout: Ravenstein + Partner, Verden
Satz: Karin Prugger, Das Agenturhaus, München
Illustrationen: Monika Biermaier, Untertullnerbach
Bildreproduktion: Hantsch & Jesch Prepress Services OG, Wien
Druck und Bindung: Westermann Druck, Zwickau

Printed in Germany

ISBN: 978-3-7040-2375-9

Garten ZEIT

av BUCH

Vorwort

Der Vorgarten stellt den Übergang vom öffentlichen zum privaten Lebensbereich dar. Für ein Schwätzchen kommt man bis ans Gartentor, Besucher durchqueren den Vorgarten bis zur Haustür und werden so auch optisch willkommen geheißen. Vom Vorgarten aus kann man aber auch auf die Straße sehen und am öffentlichen Leben teilnehmen.

Haus und Garten werden präsentiert, und es ist eine Freude, den Anblick der eigenen Blumenpracht mit anderen zu teilen. Töpfe, klassisch eingefasste Beete oder eine lockere Bepflanzung mit Blütenstauden, Gräsern und Sträuchern - für jede Vorgartensituation finden sich geeignete Pflanzen und Gestaltungsmöglichkeiten. In einer nach außen hin offenen Gestaltung wird dem persönlichen Geschmack Ausdruck verliehen, und alle, die daran vorbeigehen und in den Garten blicken, können sich daran erfreuen.

Kurzum: Der Vorgarten hat eine größere Bedeutung, als ihm häufig zugemessen wird. Nicht selten trifft man vernachlässigte und ungepflegte Vorgartensituationen an, die mit einigen planerischen Vorüberlegungen und dem Wissen um den Standort, die Lichtverhältnisse und Bedürfnisse der Pflanzen doch bald zum präsentablen Eingangsbereich werden können.

Im vorliegenden Buch sollen neben den Grundkenntnissen der Vorgartenplanung und Gartengestaltung die geeignetsten Gartenpflanzen für naturnahe Gärten vorgestellt werden. Das Wichtigste sind jedoch die Beispiele, die in Form von Zeichnungen und Erläuterungen Vorschläge, Bepflanzungspläne und Ideen für ganz verschiedene Vorgartensituationen liefern.

Der Vorgarten dient zur Begrüßung und Präsentation des Hauses und seiner Bewohner. Er bildet Schutz vor dem Bereich „draußen“ und zeigt die Grenze zum privaten Bereich. Größe und Form der Vorgärten sind sehr unterschiedlich. Aber auch kleine und kleinste Flächen, die begrünt werden, leisten einen großen Beitrag zur Buntheit des Straßenbildes.

Die Betonung gewünschter gestalterischer Elemente wie ein kleiner Baum, ein Sitzplatz, ein Blumenstreifen oder eine Kletterpflanze und die Berücksichtigung praktischer Anforderungen wie Einfriedung, Zufahrt und Abstellplatz für das Auto, Mülltonnen und anderes zeigen, dass ein Gesamtkonzept wichtig ist - im Garten wie beim Hausbau.

Monika Biermaier
Untertullnerbach, Januar 2010

Der vielseitige Garten vor dem Haus

Die Ausgangssituation

Einladende Vorgärten sind ein Schmuck für jedes Haus und unterstreichen, richtig geplant und bepflanzt, dessen Stil und Charakter. Je nach der Situation des Hauses und den dazugehörigen Freiflächen ist die Ausgangslage für die Gestaltung jedoch sehr unterschiedlich.

Beim klassischen Vorgarten wird das Haus vom vorderen Garten optisch aufgewertet, während es den dahinterliegenden Hauptgarten von der Straße abschirmt. Manchmal handelt es sich beim Vorgartenbereich allerdings auch nur um einen schmalen Streifen vor dem Haus oder entlang des Zaunes. Andererseits gibt es große Flächen zwischen Haus und Straße, die nicht nur als Vorgarten, sondern auch als Wohngarten genutzt werden und einen ungestörten Sitzplatz, einen Spielbereich oder einen Nutzgarten beinhalten können. Werden die vielen verschiedenen Anforderungen in durchdachten Plänen zusammengeführt, entstehen lebendige und individuelle Gärten.

Ein tristes Straßenbild

Ist der Weg vom Hauseingang zum Gartentor übersichtlich, ermöglicht das den Blickkontakt mit Besuchern.

WICHTIG ZU WISSEN

Nicht allein die Größe des Vorgartens ist ausschlaggebend; die richtige Bepflanzung kleiner Flächen erzielt oft eine große Wirkung. Auf kleinem Raum lassen sich durch geschickte Planung eine Menge unterschiedlicher Wünsche verwirklichen. Bei der Entscheidung über die Gestaltung sollte man auch die äußere Umgebung und das Straßenbild nicht vernachlässigen. Fügt sich alles harmonisch zueinander, wird der beste Gesamteindruck erzielt.

Ausblicke und Einblicke

Viele Vorgärten sind von einer hohen Hecke oder einem hohen dichten Zaun umgeben, die eine harte, abrupte Grenze bilden. Von der Straße sowie vom Haus aus ist vor allem eine undurchdringliche Wand zu sehen. Vor ungewünschten Einblicken ist der Hausbesitzer auf diese Weise ganz sicher geschützt. Andererseits verwehrt die hohe Einfassung jeden Blick auf einen hübschen Vorgarten, in dem vielleicht Narzissen und später Lilien und Flammenblumen leuchten. Es wird eher ein abweisender Eindruck vermittelt. Und nicht nur das Haus selbst wirkt zunächst eintönig, sondern auch ganze Straßenzüge können auf diese Weise zu leblosen Gegenden werden.

Kleine Vorgärten wirken durch den Schatten einer Hecke noch kleiner und dunkler und erlauben nur Pflanzen, die mit weniger Licht zurechtkommen. Selbst dort, wo kompletter Sichtschutz notwendig ist, gibt es Möglichkeiten, einen freundlichen Eindruck und Abwechslung einzubringen. Sowohl vor dem Gartenzaun als auch von der Haustür aus gesehen, kann ein Blumenstreifen vor einer Hecke oder einer Mauer ein netter Blickfang sein. Mit Kleinsträuchern, mehrjährigen Blumenstauden, besonderen Steinen, Mauern und Zaunelementen entstehen sehr persönliche Eingangsbereiche, die trotzdem einen ausreichenden Schutz gewährleisten. Auch sind freundliche Blühsträucher statt geschlossener eintöniger Hecken immer die bessere Entscheidung.

HÄUFIGE FEHLER

Entgegen der Annahme, dass hohe Hecken einen besonderen Schutz bieten, sind Gebäude in offenen Gärten weniger einbruchgefährdet als in versteckten, nicht einsehbaren Anlagen. Eine hohe Hecke nimmt jeden Blick auf den Zugang zum Haus und zum Haus selbst.

Sie geben in den Wintermonaten den Blick in den Garten teilweise frei. Zu dieser Zeit ist der völlige Sichtschutz für den ungestörten Aufenthalt nicht notwendig und das frische Laub im Frühjahr entfaltet dann wieder genügend Schutz.

Ein harmonisches Straßenbild

Jedes Grundstück ist ein Teil seiner Umgebung. Der Blick auf den Kirchturm, die Fernsicht in die Berge, die Sonne, die am Abend hinter dem Hügel verschwindet, oder der Kontakt zu vorbeigehenden Menschen soll vom Haus aus gewährleistet sein. Straßenlärm, eine kahle Hauswand, die allzu freie Sicht auf den Nachbargarten möchte man dagegen nicht immer betrachten müssen. Durch freie Achsen und niedrig gehaltene Einfriedung können gewünschte Ausblicke einbezogen werden. Unerwünschte Aussichten verdeckt man am besten durch geschickte Bepflanzung.
Der Vorgarten soll zum Haus, aber auch in das Straßenbild passen. Trotzdem können eigene Ideen und Vorstellungen verwirklicht werden, denn jeder Mensch und jeder Garten ist anders. Während der eine Vorlieben für Rosen hat, spielt der andere am liebsten mit Grüntönen, und die Dritte liebt Gräser und Steine. Wenn alle drei es schaffen, die Abgrenzung ihres Gartens zur Straße hin an die örtlichen Gegebenheiten anzupassen, entsteht ein harmonisches Bild und macht diesen Ortsteil von anderen unterscheidbar.

WICHTIG ZU WISSEN

Je nach Region gibt es unterschiedliche Vorgartenkulturen. In Österreich und Deutschland fasst man auch kleinste Flächen vor dem Haus mit Mauern und Zäunen ein. In Holland oder England ist es dagegen üblich, den Vorgarten nur mit einer niedrigen Hecke abzugrenzen, obwohl (oder gerade weil) wenig Platz zur Verfügung steht. Auf diese Weise entsteht eine größere Weite und Offenheit zwischen den Häusern. Da alle ohne Zaun auskommen, werden die privaten Grenzen gegenseitig akzeptiert und eingehalten.

Pflanzen und ihre Ansprüche

Bodenverhältnisse Wenn es um die Wahl der Pflanzen für ein neu angelegtes Beet geht, lautet eine der ersten Fragen: Welcher Boden ist vorhanden?

Welche Bodenverhältnisse sind gegeben?
- Sandig und leicht
- Lehmig und schwer
- Sauer oder kalkreich
- Mager oder nährstoffreich

Vor allem beim Neubau eines Hauses fallen große Mengen Erdaushub an, die ja eigentlich für den Garten und den Vorgarten verwendet werden können.
Standortansprüche der Pflanzen Für jeden Standort gibt es Pflanzen, die sich unter den gegebenen Bedingungen wohlfühlen. Auf kargen Standorten wachsen besondere und zugleich anspruchslose Blütenpflanzen, die sich bei geringem Konkurrenzdruck gut entfalten. Solche sandig-steinigen, wasserdurchlässigen, wenig humose Standorte lassen sich auf Trockenmauern oder Schotter- und Kiesflächen vor den Häusern einbringen.
Hier lohnt es sich, den nährstoffärmeren Unterboden zu nutzen und eventuell eine geringe Menge sterilen, das heißt unkrautfreien Kompost oder Humus (aus öffentlichen Kompostieranlagen, wo die Kompostherstellung garantiert unter entsprechender Hitzeentwicklung erfolgt) einzumengen.
Denn die oberste Erdschicht enthält auch eine hohe Zahl an Unkrautsamen, die stets an erster Stelle sind und ausgiebiges Jäten einfordern. Gerade Distel und Melde,

Ein bunter Vorgarten im Bauerngartenstil

Eine standortgerechte Pflanzenwahl erleichtert die Pflegearbeit wesentlich.

Giersch, Quecke und Winde müssen sonst anfangs mühsam bekämpft werden.
Ist der Vorgarten im Stil eines Bauerngartens gehalten, herrscht üppiges Wachstum vor. Rund um die Beete und auch dazwischen gedeihen Blumen in großer Farbenpracht. Voraussetzung ist dann ein humoser tiefgründiger Gartenboden, der die Feuchtigkeit hält, ohne zu Staunässe zu neigen.

Hohe Anforderungen an die Pflanzen

Neben den Bodenverhältnissen spielen weitere Standortfaktoren wie Wasserversorgung, Licht- und Windverhältnisse eine große Rolle. Viele Pflanzen sind Spezialisten und kommen mit extremsten Bedingungen zurecht, sie müssen nur in die für sie passende Umgebung gesetzt werden. Außerdem sollten sie sich frei entwickeln dürfen. Zu eng, zu stark geschnitten, die hohe schmale Baumkrone auf klein und rund formiert – das alles führt zu Stress und Krankheiten. Deshalb sollte zunächst überlegt werden, welche Funktion die Pflanzen zu erfüllen haben. Dienen sie vor allem dem Sichtschutz, sollten sie genügend hoch und dicht werden. Sind sie hauptsächlich Zierde, können niedrigere Sorten gewählt und lockerer gesetzt werden. Werden sie leicht niedergetreten, weil die Grenzen dafür nicht deutlich sichtbar sind, sind sie in einem Trog oder einer erhöhten Einfassung besser aufgehoben. Gibt es Bewässerungsmöglichkeiten, wird mit der Gießkanne gegossen oder sollen die Pflanzen von vornherein mit Trockenheit zurechtkommen? Denn bei der Pflanzenwahl sollte auch der zukünftige Pflegeaufwand berücksichtigt werden.

ALLERHÖCHSTE ZEIT

Das sollten Sie vor der Pflanzenwahl wissen:

- Wie sind die Lichtverhältnisse (Sonne – Schatten)?
- Wie wird die Wasserversorgung geregelt?
- Ist der Standort sehr windig oder eher windgeschützt?
- Welche Funktion sollen die Pflanzen erfüllen? Zierde, Abgrenzung, Sichtschutz, Lebensraum für Tiere, oder soll auch geerntet werden?
- Wie groß darf der Pflegeaufwand sein?

Ganzjährig geschmückt

Blumen im Jahreslauf:

- Die ersten Frühlingsboten sind Schneeglöckchen und Krokus, Primel und Leberblümchen. Tulpen und Narzissen bringen kräftige Farbtupfer in den Garten.
- Ab April zeigt sich die neue Gartensaison mit einer großen Fülle an Blütenstauden. Akelei, Bergenie, Taglilie und Iris bilden reichlich Blüten aus.
- Im Mai blühen Schwertlilie, Schafgarbe, Katzenminze und Margerite.
- Im Juni sind Lavendel, Ziersalbei, Nachtkerze und im Schatten Gelber Lerchensporn Blickfang.
- Später im Sommer folgen Stockrose, Flammenblume, Sonnenhut und Herzblatt.
- Aster und Fetthenne warten mit ihren Blüten bis September auf.
- Einjährige Sommerblumen wie die Ringelblume, die im Mai zu blühen beginnt, oder die Sonnenblume im Juli vervollständigen das Potpourri.

Als eine wahre Bereicherung, nicht nur für den Vorgarten, dienen auch eine ganze Reihe von Sträuchern. Im Februar bildet die Hasel ihre Kätzchen aus und der Dirndlstrauch beginnt zu blühen, gefolgt von Zierquitte im März, Felsenbirne und Zwergmandel im April. Im Mai ist der Garten üppig grün und reich blühend mit Flieder, Holunder, Goldregen, Schneeball und Maiblumenstrauch. Im Juni duften Bauernjasmin und Rosensorten, im Juli Schmetterlingsflieder und Liguster, im August Eibisch und Bartblume. Mehrfach blühende Rosen bringen bis in den Herbst immer wieder neue Knospen hervor. Gehölze mit schöner Blatt- und Rindenfärbung, zum Beispiel verschiedene Ahornarten, und Kletterpflanzen wie Blauregen, Clematis und Kletterhortensien füllen hohe Gerüste oder große Flächen mit zahlreichen Blüten aus.

Natürliche Vielfalt

Im naturnahen Vorgarten wachsen die Pflanzen jeweils auf dem Standort, der für sie passt. Sie kommen gut mit den gegebenen Boden-, Wasser- und Lichtverhältnissen zurecht und brauchen keine oder nur wenig zusätzliche Pflege. Wie auch in der freien Natur gedeihen sie ohne besonderes Zutun. Entweder werden sie entsprechend ausgewählt und gepflanzt oder sie siedeln sich von selbst an. Einheimische Pflanzen wie die Gewöhnliche Schafgarbe oder der Natternkopf sind verkannte Naturschönheiten, die zu wenig beachtet werden, weil sie vielleicht nicht großblumig genug sind. Ihre Blüten sind nicht extragroß oder gefüllt, doch sie sind reich an Pollen und Nektar, und ihre Samen und Früchte nähren Insekten sowie Vögel und andere Kleintiere.

Einen weichen Übergang zwischen Gartenzaun und Straße schaffen hier Schmuckkörbchen, die durch den Zaun hindurchwachsen.

Zuerst kommt die Planung

Die Lage

Dient das Wohnhaus der Teilung zwischen Vorgarten und Hauptgarten, ist ein Sichtschutz vor dem Haus meist gar nicht notwendig. Der Vorgarten präsentiert das Haus und bildet den Übergang zur Straße, während der Hauptgarten geschützt hinter dem Haus liegt.
Entlang der Vorderfront und am Weg vom Gartentor zum Hauseingang können Blumenbeete und Ziersträucher wirkungsvoll eingesetzt werden. Vielleicht ist Platz für einen Hausbaum oder für eine Sitzbank unter dem Fenster. Eine gut geplante Gestaltung des Gartens bringt das Haus zur Geltung. Daneben sollen Carport, Mülltonnen und Lagerraum möglichst unauffällig ihren Platz finden.
In einem offenen Vorgarten haben auch ein kleiner Sitzplatz mit Tisch und Sessel oder eine Bank ihre Berechtigung, sei es, um hier die letzten Sonnenstrahlen des Tages zu genießen, sei es, um Besuch zu treffen, oder einfach, um eine einladende Atmosphäre zu schaffen.

Geschwungene Wege bringen Leichtigkeit ins Spiel.

Grundsätzlich gilt, dass Muster in kleinen Gartenräumen eher kleinformatig, in großen großzügig angelegt werden.

WICHTIG ZU WISSEN

Wenn der Vorgarten Einblick in privatere Bereiche ermöglicht, die nicht einsehbar sein sollen, werden am besten versteckte Nischen geschaffen. Ein großer Strauch, eine Gruppe von Sträuchern oder eine kurze Hecke sind meist ausreichend, um die Sicht in tiefer liegende Bereiche des Gartens zu unterbinden. Ein Baum oder eine geschickt eingesetzte Pergola bilden ebenfalls einen guten Sichtschutz. Diese Elemente müssen nicht immer entlang der Grundgrenze oder exakt parallel dazu laufen. Weiter hinein versetzt, schräg oder im Bogen kommen sie besser zur Geltung und lassen Platz für weitere Gestaltung im Vordergrund. So können zum Beispiel ein buntes Staudenbeet oder kleine Blühsträucher vor eine strenge Hecke gepflanzt werden.

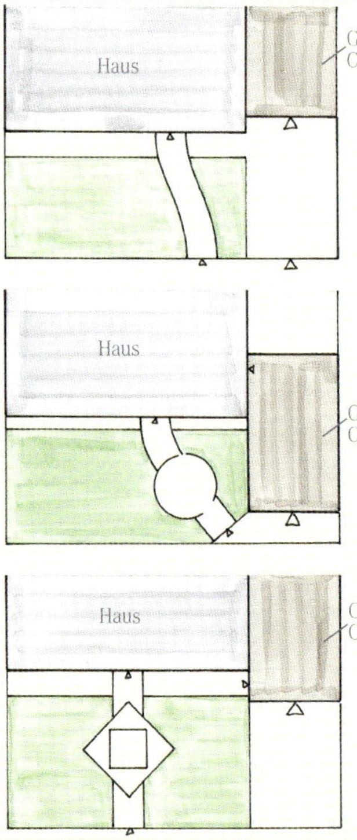

Verschiedene Hauszugänge

Der Hauszugang

Der direkte Weg vom Gartentor zum Haus muss nicht unbedingt schnurgerade sein: Eine sanfte Biegung, eine kleine Platzgestaltung oder ein unterschiedlich breiter Zugang sorgen für Schwung und schaffen einen interessanten Kontrast zum meist geometrischen Haus- und Gartengrundriss. Auch die Wahl des Belages darf nicht unterschätzt werden. Allein mit der Verlegung von länglichen Steinen abwechselnd in

Quer- und Längsrichtung wird optisch eine Unterbrechung erzeugt. Verwendet man unterschiedliche Steine und Platten, ergibt sich eine Vielzahl von Verlegemustern, die den Weg strukturieren. Betonsteine und Natursteine können mit Klinker und Pflastersteinen kombiniert werden. Diese Materialien sollten sich innerhalb des Gartens oder eines abgeschlossenen Gartenteils wiederholen, um ein harmonisches Bild zu erzielen.

Hauptwege sollen eben, nicht rutschig und leicht zu reinigen sein. Daher sind raue Platten, die flach und gleichmäßig verlegt werden können, am besten geeignet.

Nebenwege werden nicht ganz so häufig genutzt und lassen bei der Wahl des Materials größeren Spielraum zu, denn sie dienen nicht der Repräsentation. Hier eignen sich auch Kies, Schotter oder Steinplatten mit unregelmäßiger Oberfläche.

Grundsätzlich soll ein Weg nicht scharf um eine Hauskante herumführen und nicht zu stark von der direkten Verbindung abweichen. Er soll nicht übertrieben geschwungen oder um Hindernisse geführt werden. Wenn es Ausweichmöglichkeiten gibt, zeigen sich falsche Verbindungen gerne in Trampelpfaden, mit denen unnötige Ecken und Kurven abgeschnitten werden. Die Benutzer ziehen den kürzesten Weg vor und halten sich nicht an vorgegebene Bahnen, wenn diese als unnötige Umwege empfunden werden. Eine leichte Kurve kann um einen Baum oder einen besonderen Strauch geführt oder durch eine Pflanzinsel vorgegeben werden. Einerseits erhält das Ablenken des Weges dadurch eine Berechtigung, andererseits rückt eine interessante Bepflanzung stärker ins Blickfeld.

WICHTIG ZU WISSEN

Prinzipiell werden Wege und Flächen mit einem Gefälle von 1-2 % vom Haus weg angelegt, damit das Regenwasser in die gewünschte Richtung abrinnt und keine Pfützen und rutschige Stellen entstehen.

Hauptwege haben eine durchschnittliche Breite von 1-1,2 m, für Nebenwege reichen 0,5-0,8 m.

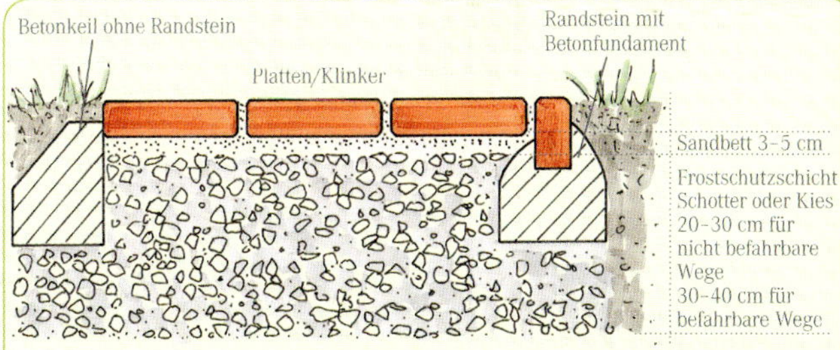

Wegaufbau

Gibt es verschiedene Querverbindungen, etwa zum Auto oder zum Kompostplatz, sind mehrere Wege sinnvoll. Diese Nebenwege müssen nicht sehr breit sein, denn es sollten nach Möglichkeit kleine Grünflächen dazwischen erhalten bleiben, auch wenn es praktisch erscheinen mag, alles in einem zu pflastern. Die Bepflanzung selbst kleiner Flächen oder Pflanzlöcher lockert große versiegelte Flächen optisch auf und macht sie lebendig.

Die Hanglage

Niveauunterschiede vom Gartentor zum Haus werden mit einer Böschung oder mit Mauern überwunden. Böschungen sind leicht herzustellen, sie nehmen jedoch viel Platz ein und sind schwerer zu begrünen. Mauern bedeuten mehr Aufwand in der Herstellung, schaffen dafür aber zusätzliche ebene Flächen, die leicht zu pflegen sind. Ob eine oder mehrere Mauern errichtet werden sollen, richtet sich nach dem Höhenunterschied, der ausgeglichen werden muss. Mehrere niedrige Mauerstufen mit Bepflanzung dazwischen sind besser als eine hohe Mauer, weil man sonst wie vor einer senkrechten Wand steht.

Die Mauern können aus Natursteinen, Klinker oder schlichtem Beton errichtet werden und sollten vor allem zum Stil des Hauses passen. Der anfängliche Mehraufwand lohnt sich, da sich durch die Anlage zahl-

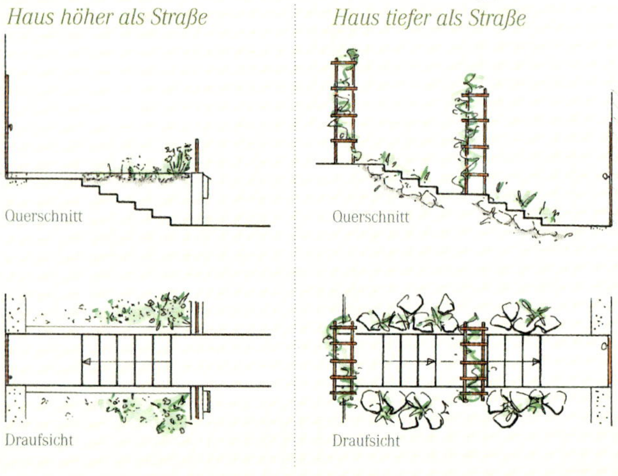

Hangquerschnitt

Bei Gartenstufen berechnet man eine Stufenhöhe von 10–16 cm. Die Auftrittsflächen haben ein Gefälle von etwa 1 % weg vom Haus, damit Regenwasser rasch abrinnt.

reiche Gestaltungsmöglichkeiten ergeben und die ebenen Flächen dazwischen einfach zu bepflanzen sind.

Je nach Höhenunterschied werden Stufen und auch Zwischenpodeste in den Weg eingebaut. Um eine gute Trittsicherheit bei jedem Wetter zu erhalten, wählt man im Freien niedrigere Stufenhöhen und größere Auftrittsflächen als im Haus.

Bei einem zu überwindenden Höhenunterschied verändert sich die Weglänge. Mit einer speziellen mathematischen Formel ist es aber ganz einfach, diesen Unterschied zu errechnen: 2 x Stufenhöhe + Stufenbreite = 64 cm (Schrittlänge).

Bei Podesten ist eine angenehme Schrittzahl (1 Schrittlänge beträgt etwa 64 cm) und ein Fußwechsel auf den nachfolgenden Stufen wichtig.

Liegt der Garten tiefer als die Straße, verläuft die Böschung oder die Terrassierung in die andere Richtung und der Zaun steht auf Straßenniveau. Liegt auch der Hauseingang tiefer, fällt der Blick von der Haustür oder aus den Fenstern auf die Böschung oder die Mauer. Das stufenweise Abfangen des Hanges und die Bepflanzung lockern die meist enge Eingangssituation beträchtlich auf.

Einfriedungen

Zäune markieren Gartengrenzen und dienen als Schutz vor Eindringlingen und vor Einflüssen von außen. Zugleich sind sie ein Gestaltungselement, das bewusst betont oder eher unauffällig eingesetzt werden kann.

Je höher und dichter ein Zaun ist, desto größer ist der Eindruck der Abwehr. Ein niedriger Zaun zeigt auch Grenzen – bis hierher und nicht weiter –, wirkt aber lange nicht so abweisend.

Wenn Sie eine Einfriedung planen, nehmen Sie Ihre Umgebung genau unter die Lupe. Ein allzu großer Wechsel an Zäunen, Sockeln und Toren zeugt nicht von individueller Gestaltung, sondern wirkt unruhig und austauschbar.

Speziell bei Doppel- und Reihenhäusern ist eine gemeinschaftliche Gestaltung oft schöner als das Nebeneinander von sehr unterschiedlichen Stilrichtungen.

An erster Stelle steht die Überlegung, ob im Vorgartenbereich überhaupt ein Zaun aufgestellt werden muss. Teure und wartungsintensive Gartentore sind überflüssig, wenn dahinter das Garagentor folgt. Die Einfahrt zur Straße hin kann offen bleiben. Die Garage selbst trennt mit ihrer Rückwand den dahinterliegenden Garten von der Straße ab. Ähnlich kann eine geschlossene Rückwand des Carports dazu genutzt werden.

Auch der Zugang zum Haus muss nicht von vornherein eingezäunt werden. Allein durch die entsprechende Bepflanzung kann eine ausreichende Abgrenzung erreicht werden, z. B. durch eine niedrige dichte Schnitthecke oder einen lebenden Zaun aus verflochtenen Weidenruten. Ob ein Zaun gebraucht wird, kommt vor allem auf die Wohnsituation an. In einer ruhigen Sackgasse ist ein Zaun weniger notwendig als an einer stark frequentierten Straße.

Selbst kleinste bepflanzte Streifen vor dem Haus können seinen Charakter unterstreichen.

Eine grüne Trennwand lässt sich fast überall integrieren.

Zusätzlich kann der Zaun selbst als Rankgitter genutzt werden, wie für das duftende Schlingende Geißblatt. In Gitterzäune können Kletterrosen oder Clematis geflochten werden. Hübsch sehen auch ein oder mehrere Rosenbögen, hinter dem Zaun aufgestellt, aus. Entlang des Zaunes lässt sich außerdem Wein gut ziehen oder eine Kürbispflanze rankt sich daran hoch. Wer den Zaun dicht und immergrün bewachsen lassen möchte, lässt Efeu daran emporklettern. Dies ist meist an einer seitlichen Einfriedung über dem Maschendrahtzaun oder an einer Carport-Wand der Fall.

Grundlagen der Bepflanzung

Die zwei wichtigsten Plätze für Blumenschmuck im Garten sind der Bereich um den Sitzplatz im Freien und vor dem Eingangsbereich. Dort hält man sich am meisten auf beziehungsweise geht jeden Tag daran vorbei. Der Sitzplatz – meist die Terrasse am Haus nahe Küche und Wohnbereich – wird in der warmen Jahreszeit viel genützt. Ein Blumenbeet davor wird viel beachtet und die Pflege erfolgt leicht zwischendurch, wenn es schnell erreichbar ist. Genauso ist der Eingangsbereich eine prominente Stelle für Blumen. Vor allem nach dem Winter, wenn das erste Grün sehnsüchtig erwartet wird, machen die ersten Frühlingsboten vor dem Haus große Freude und ziehen die Blicke mancher Passanten auf sich.

WICHTIG ZU WISSEN

Für beide Gartenbereiche – Sitzplatz im Freien und Vorgarten – gilt: Die Größe richtet sich nach dem Engagement und der Freude an der Gartenarbeit.
Große und üppige Beete haben ihren besonderen Reiz, genauso können aber auch kleine Blühinseln in einer harmonischen Gestaltung eine große Wirkung erzielen.

Eine Reihenhaussiedlung profitiert optisch sehr von der Zusammenlegung der Vorgärten zu einem einheitlichen Bild.

Die richtige Wahl

Die Wahl der Bepflanzung richtet sich nach den kleinklimatischen Verhältnissen und nach der Größe des Vorgartens. Wichtig ist eine standortgerechte Wahl und die Verwendung robuster, gesunder Pflanzen. Sonnenhut und Ziersalbei gedeihen in voller Sonne, im Halbschatten fühlen sich Akelei und Storchschnabel wohl, im Schatten Herzblatt und Haselwurz. Auf mageren Standorten gedeihen Spezialisten, die besonders wenig Pflege beanspruchen, wie Fetthenne und Wollziest in der Sonne oder Goldnessel und Bergenie im Schatten. Auch an Sträuchern findet sich eine passende Auswahl: Zwergmandel, Buschrose und Bartblume lieben volle Sonne und sorgen nacheinander über die Saison für bunte Farbtupfer. Die cremefarbenen Blütenstände des (Zwerg-)Schneeballes leuchten im Halbschatten, der Ranunkelstrauch (Kerrie) mit seinen gelben Blütenbällchen gedeiht auch in vollem Schatten.

Wo es gestalterisch gewünscht oder eine andere Lösung nicht möglich ist, können Töpfe oder Pflanztröge aufgestellt werden. Pflanzen in Trögen sind allerdings häufig extremen Situationen ausgesetzt. Im Gefäß trocknet die Erde schneller aus und die Wurzeln sind größeren Temperaturschwankungen unterworfen als im gewachsenen Boden. Andererseits ist die Betreuung der Pflanzen in Töpfen und Trögen überschaubar und ihre Aufstellung flexibel.

Der Hausbaum

Wenn es der Platz erlaubt, hat ein Baum vor dem Haus eine besondere Wirkung, denn er bringt eine vertikale Strukturierung in den Vorgarten. Allerdings braucht der Baum genügend Abstand zum Haus, damit er seine Krone frei entwickeln kann. In schmale Gärten passen kleinkronige Bäume mit runder Krone wie die Kugelakazie oder mit länglicher Krone wie die Säulenhainbuche. Die restliche Bepflanzung dazu soll eher niedrig sein, um dem Baum genug Raum zu geben. Bodendecker und Zwergsträucher sind dafür in der Höhe ausreichend.

ALLERHÖCHSTE ZEIT

Wer seinen Vorgarten mit Trögen und Töpfen bestückt, muss im Sommer und Winter oft schnell handeln: In der heißen Jahreszeit muss für ausreichend Wasserzufuhr gesorgt werden, eventuell mit einer automatischen Bewässerung. In den kalten Monaten ist die Gefahr des Erfrierens groß, und die Gefäße müssen rechtzeitig untergestellt oder gut eingepackt werden.

Die Bodenverhältnisse berücksichtigen

Die Bodenbeschaffenheit spielt bei der Auswahl der Pflanzen eine erhebliche Rolle.

- Sandiger, steiniger Boden ist sehr luft- und wasserdurchlässig. Er speichert kaum Wasser und Nährstoffe. Auf diesen mageren Standorten kommen anspruchslose Pflanzen gut zurecht. Sie haben wenig Konkurrenz von den nährstoffliebenden, starkwüchsigen Pflanzen zu fürchten.
- Lehmiger Boden hat einen hohen Anteil an feinkörnigem Material. Er ist schwer, dicht und wenig luft- und wasserdurchlässig. Deshalb wird er auch als fett bezeichnet. Hier gedeihen Pflanzen, die viele Nährstoffe brauchen.
- Die Nährstoffe gelangen über den Abbau von organischem Material und die Bildung von Humus in den Boden. Nährstoffe und humoses Strukturmaterial können auch über Kompost zugeführt werden. Ist (noch) nicht genügend Kompost vorhanden, werden organische Langzeitdünger wie Steinmehl und Hornspäne eingebracht.

Selbst das kleinste Bäumchen kann einer bepflanzten Fläche vor dem Haus Struktur verleihen, ohne zu viel Platz zu beanspruchen.

Vor allem bei neu gebauten Häusern ist es unbedingt erforderlich, eventuelle Verdichtungen, die durch schwere Fahrzeuge auf der Baustelle entstanden sind, aufzubrechen.

ALLERHÖCHSTE ZEIT

Wenn Sie die Gartenfläche nicht sofort bepflanzen, lohnt es sich, möglichst rasch eine Gründüngung auszusäen. Kleesorten bringen Nährstoffe ein, lockern den Boden und werden später direkt in den Boden eingearbeitet.

Den Boden aufwerten

Lehm ist wegen seiner hohen Speicherfähigkeit ein guter Gartenboden. Ist der Feinanteil im Boden jedoch sehr hoch, verdichtet und vernässt der Boden stark und wird am besten mit Quarzsand und Humus (Kompost) aufgelockert. Ein magerer Boden wird ebenfalls mit Kompost aufgebessert, um Nährstoffe und humoses Material einzubringen, oder er wird für ein Wildblumenbeet genutzt, das möglichst nährstoffarm sein soll. Sand und Steine im Boden sind nicht störend, denn sie erhöhen die Wasserdurchlässigkeit, die viele Pflanzen schätzen. Bedenken Sie immer: Ein nährstoffreicher Boden ist auch für Unkräuter ein verlockendes Angebot.

Lassen Sie auch im Vorgarten keine Beetoberflächen ungeschützt und offen liegen. Der Boden sollte immer mit Pflanzen oder Mulchmaterial bedeckt sein, damit die Erde weniger stark austrocknet und verkrustet. Die Bodenlebewesen können dann bis knapp darunter aktiv bleiben und Nährstoffe für die Pflanzen aufbereiten. Die Bedeckung nimmt dem Gärtner Jätarbeit ab, da viele Beikräuter nur auf offenem Boden aufkommen, weil sie Licht zum Keimen brauchen.

Mulchmaterialien Im Blumenbeet sehen Hackschnitzel oder Kies als Bedeckung zwischen den Pflanzen gut aus. Unter Sträuchern kann mit Rasenschnitt und Laub gemulcht und damit zugleich gedüngt werden. Der feine Grasschnitt wird rasch von Regenwürmern in die Erde gezogen und wieder zu Humus verarbeitet. Bei der Verwendung von Rindenmulch ist zu beachten, dass Rinde viele Gerbstoffe enthält und beim Verrotten dem Boden Nährstoffe (Stickstoff) entzieht.

Phacelia lockert mit seinen tiefreichenden Wurzeln den Boden. Im August ausgesät, werden von den blauen Blüten viele Nützlinge angelockt.

Damit wird nicht nur das Wachstum der Beikräuter, sondern auch von frisch gesetzten Pflanzen eher gehemmt als gefördert. Wem Rindenmulch gut gefällt, setzt ihn am besten an prominenten Stellen, wie dem Blumenbeet vor dem Eingang, ein. Unter Sträuchern oder weniger gut sichtbaren Stellen sollte Rasenschnitt und anderes Material aus dem eigenen Garten eingesetzt werden. Das Material, das dem Garten entnommen wurde, wird wieder in den Garten eingebracht und gibt ihm die Nährstoffe zurück. So kann das Kreislaufsystem innerhalb des Gartens aufrechterhalten werden.

WICHTIG ZU WISSEN

Bevor man Rindenmulch aufbringt, kann dem Boden eine Stickstoffgabe, z. B. in Form von Hornmehl, zugeführt werden. Dadurch steht für die Umwandlung des Mulches durch Bodenlebewesen genügend Stickstoff zur Verfügung, und es kommt für die Pflanzen nicht zu einer Unterversorgung.

Zunehmender Beliebtheit erfreut sich das anorganische Mulchmaterial Kies. Vor der Aufbringung muss gut gejätet werden.

Zufahrt, Garage und Abstellplätze

Der Weg vom Auto zum Haus, der oft mit schweren Taschen zurückgelegt wird, soll im Allgemeinen möglichst kurz sein. Eine überdachte Abstellmöglichkeit an der Hausseite ist eine häufige und praktische Lösung. Planen Sie beim Hausbau unbedingt einen eigenen Hauszugang vom Auto aus ein. Ein Garagengebäude kann gut dazu genutzt werden, einen abgeschlossenen Gartenraum zu bilden und den Garten von der Straße abzuschirmen.
Der Hauseingang und sein Zugang stehen im Blickmittelpunkt, wenn man auf ein Haus zugeht. Ist dieser Zugang so gestaltet, dass man Umwege gehen, sich an Hauswänden vorbei- oder zwischen Autos durchschlängeln muss, erweckt das einen unfreundlichen Eindruck. Befindet sich der Hauseingang seitlich der Einfahrt oder um die Ecke des Hauses, kann der Zugang mit einem seitlichen Gartentor, einem Pflanz-

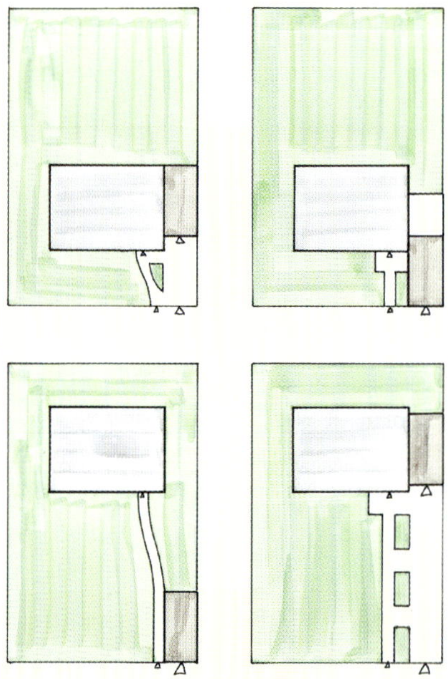

Lage von Haus und Autoplatz im Garten

bogen oder einem deutlich gestalteten Weg betont und somit aufgewertet werden.
Oft besteht der Wunsch, das Vordach des Eingangs mit der Autoüberdachung zu verbinden, um vom Auto trockenen Fußes bis ins Haus zu kommen. Man sollte jedoch nicht der Verlockung erliegen, nach und nach alles zu versiegeln und überdachen zu wollen. Dies wirkt meist sehr gestückelt und kahl, weil damit Grünflächen verloren gehen und Pflanzen unter Dach schwer wachsen. Das Grün zwischen den Wegen sollte möglichst erhalten bleiben, um den Freiraum vor dem Haus aufzulockern.

Wohin mit den Mülltonnen?

Geschickt geplant werden muss der Abstellplatz der Mülltonnen. Er soll möglichst praktisch und gut von Haus und Straße zu erreichen sein und andererseits nicht zu sehr auffallen, schon gar nicht neben dem Haupteingang. Die beste Unterbringungslösung ist meist an einer Seite in einer Nische, im geschützten Eck einer Mauer, einer Holzverkleidung oder einer Hecke. Der Zaun kann von vornherein ein Stück zurückversetzt und in diesem Bereich niedriger errichtet werden. Von der Straßenseite fallen die Tonnen dann nicht so auf und von der Gartenseite her werden die Deckel geöffnet, indem man über den Zaun greift. Denn Tonnen und Säcke nur vor dem Garten auf der Straße stehen zu lassen, trägt nicht gerade zur Ortsbildverschönerung bei.

Ein Beispiel eines gut integrierten Mülltonnenplatzes.

Anziehungspunkte

Elemente, die den Blick auf sich ziehen, an die eine Erinnerung geknüpft ist oder die selbst hergestellt wurden, erzählen eine Geschichte. Sie können praktische Zwecke erfüllen oder einfach als Zierde dienen und dem Vorgarten eine persönliche Note geben.
Die kleine Sitzgelegenheit im Vorgarten ist eine einladende Geste. Sie spielt selten die Hauptrolle als Sitzplatz im Garten, da man hier nicht völlig ungestört sitzen kann.
Aber zu manchen Gelegenheiten kann sie der Lieblingsplatz sein. Weil man hier die Abendsonne nutzen kann, weil man sieht, wer vorbeikommt, oder weil man auf jemanden wartet. Selbst nur als Dekoration gedacht, entsteht damit schon auf dem Weg zum Haus ein wohnlicher Raum. Manchmal stehen Blumentöpfe oder Dekorationen aus Naturmaterialien auf dem Tisch, manchmal sind die Möbel schon sehr alt, verwittert und bemoost und wecken die Fantasie vom verträumten, abgeschiedenen Garten.
Ein Tisch oder ein Regal mit Töpfen der eigenen Blumenzucht, eine Sammlung schöner Steine und Wurzeln mit bizarren Formen und geschnitzte Holzkunstwerke können hier ebenso stehen wie Skulpturen aus Stein oder Keramik, Wasserspiele oder ein Quellstein.
Solche Elemente machen sich auch in versteckten Gartenteilen gut, aber gerade im Eingangsbereich erfreuen sie täglich und erhalten gebührende Beachtung, auch von Vorübergehenden. Der Charme liegt in der Umsetzung eigener Vorstellungen und Ideen, die im freien Gartenraum eine passende Kulisse finden.

Pflanzen für den Vorgarten

Gehölze

Selbst im kleinsten Vorgarten machen Gehölze eine gute Figur. Sie geben Gartenflächen ein Gerüst, begrünen nicht nur flächig den Boden, sondern schaffen Struktur und sind auch in der kalten Jahreszeit durch interessant gemasterte Rinde, immergrüne Blätter oder filigrane Äste schön anzusehen. Die Auswahl an kleinen und mittelgroßen Gehölzen ist mittlerweile so groß geworden, dass sich für jede Gartensituation – sonnig oder schattig, lehmiger oder sandiger Boden, viel oder wenig Platz – und für jeden Haus- und jeden Gartenstil der passende Baum finden lässt.

Das müssen Sie beachten

Achten Sie beim Kauf von Gehölzen unbedingt auf die Wuchsform und die endgültige Größe. Versucht man, zu große Bäume durch Schnittmaßnahmen klein zu halten, wird ihre Wuchskraft angeregt und sie wachsen noch mehr. Sie bilden Wassertriebe aus und werden krankheitsanfällig, weil ihr Wachstum aus dem Gleichgewicht kommt. Vor allem in der blattlosen Jahreszeit sehen sie dann richtig verstümmelt aus. Dies gilt auch für Sträucher in lockeren Hecken. Werden sie immer auf einer bestimmten Höhe geschnitten, verkahlen sie von unten und bilden an der Schnittstelle reiche Verzweigungen; sogenannter Besenwuchs entsteht. Die Wahl von Sträuchern in der richtigen Größe und ein ausreichender Abstand zueinander beziehungsweise zu Zäunen und Bauwerken erspart häufiges Schneiden. Ein frei wachsender Strauch bildet von sich aus eine schöne Wuchsform aus und entwickelt zahlreiche Blüten.

Informieren Sie sich über die Wuchsleistung des Gehölzes vor der Pflanzung.

Sommerflieder passt auch in kleine Vorgärten.

Bäume

Für große Hausbäume ist aufgrund der dichten Bebauung nur selten Platz. Dennoch haben sie eine besondere Funktion – nicht nur als Schutz für das Haus. Eine mächtige Linde oder Kastanie, die über ein Hausdach ragt, hat schon eine lange Geschichte und prägt das Ortsbild. Hat man das Glück, an einer nahe gelegenen Wiese gebaut zu haben, schafft ein Hausbaum den Übergang zur freien Natur, was eine besonders schöne Wirkung hervorruft. Eine Hausbank und ein paar Blumen runden das Bild ab.
Die Größe des Baumes sollte in den Proportionen zum Haus und dem Freiraum um das Haus herum passen. Mittelgroße Bäume wie ein Ahorn mit schöner Herbstfärbung, eine Eberesche mit leuchtenden Früchten im Winter oder eine Traubenkirsche mit duftenden Blüten prägen große Vorgärten. Diese Bäume wachsen außerdem rasch und wirken schneller raumbildend.

Für kleine Vorgärten gibt es eine große Auswahl an kleinkronigen Bäumen:

- Blutpflaume, Drehweide, Blumenesche, Mehlbeere und Robinie werden klein bis mittelgroß (6–10 m hoch).
- Felsenbirne, Steppenkirsche, Weißdorn und Pflaumendorn wachsen auch strauchförmig und haben ein eher zartes Erscheinungsbild (5–6 m hoch).
- Sehr beliebt sind Bäumchen mit kugelfömigen Kronen, z. B. kleine Züchtungen von Feldahorn, Steppenkirsche, Feldulme oder Trompetenbaum (3–4 m hoch).

Manchmal erlauben die Platzverhältnisse nur säulenförmige Kronen, die aber auch zu einer horizontal betonten Architektur besonders gut passen. Robinie oder Eberesche sind von Natur aus schmalwüchsig, die Säulenhainbuche ist eine dichtlaubige, extraschlank gezüchtete Gartenform. Besonders kleine Züchtungen gibt es von Zierkirsche und Zierapfel. Die Unterpflanzung sollte eher niedrig sein, damit der Baum richtig zur Geltung kommen kann. Eine Wiese oder robuste Bodendecker sind oft am geeignetsten.

Sträucher

Als Solitär ziehen Sträucher im kleineren Vorgarten die Blicke auf sich. Für Einzelstellungen besonders gut geeignet sind Korkenzieherhasel und Drehweide. Ihre gedrehten Äste kommen im Winter ohne Blätter noch stärker zur Geltung. Wer mag, kann sie dann auch schmücken.

Im Vorgarten sind hohe Sträucher meist nur für bestimmte Bereiche notwendig, z. B. um weiter hinten liegende Gartenteile abzuschirmen.

Eine bewusst gesetzte Strauchgruppe auf einer Seite des Hauses oder ab dem Teil des Gartens, der den Wohngarten vom Vorgarten abtrennt, erfüllt diesen Zweck, und eine Auswahl an Sträuchern, die robust sind, auffällig blühen oder interessante Früchte tragen, ist leicht getroffen. Von Felsenbirne, Sommerflieder und Eibisch in der Sonne über Dirndlstrauch, Duftjasmin und Flieder zu schattenverträglichen Sträuchern wie Pfaffenkapperl, Schneeball und Ranunkelstrauch gibt es die ganze Saison über Abwechslung in der Hecke.

Pflanzabstand

Zu eng gepflanzte Sträucher konkurrieren um Licht und Wasser und bedrängen sich gegenseitig. Frei wachsende Sträucher, die immer auf einer bestimmten Größe gehalten werden, verlieren nicht nur ihre charakteristische Wuchsform, sondern (oft durch Unkenntnis) viel von ihrem Blütenreichtum.

- Sträucher über 2 m Höhe: 1,5-2 m Abstand
- Sträucher bis 2 m: 1-1,5 m Abstand
- Schnitthecke 2-3 Stück/m

Schnitthecken

Mit der richtigen Pflanzenwahl kann eine Schnitthecke schmal und niedrig gehalten werden. Sie ist eine einfache und pflegeleichte Lösung für eine lebendige und doch formale Einfassung. Wichtig ist ein regelmäßiger Schnitt, damit sie dicht und grün bleibt. Sehr gut dafür geeignet in Sonnen- wie in Schattenlage ist der Liguster. Er stellt keine besonderen Bodenansprüche und ist ausgesprochen schnittverträglich. In den Blättern ähnlich und ebenfalls sehr schnittverträglich ist der Buchsbaum, der jedoch sehr langsamwüchsig ist. Für kleine Einfassungen wird der Zwergbuchs jedoch gerne verwendet.

Im Winter

- Buchsbaum, Kirschlorbeer und Eibe sind immergrün. Die Eibe ist sehr schattenverträglich, hat dunkle Nadeln und lässt sich gut in Form schneiden. Ihre dunkelgrünen Nadelzweige und ihre Samen sind allerdings giftig.
- Der sogenannte Immergrüne Liguster behält fast das ganze Jahr seine Blätter und verliert sie erst im Spätwinter.
- Einige Schneeballarten (Immergrüner Schneeball, Wolliger Schneeball) klappen ihre Blätter im Winter nach unten und bewahren damit einen lockeren Sichtschutz.
- Die Hainbuche behält das trockene, braune Laub über den Winter, bis sie im Frühjahr mit frischen, hellgrünen Blättern austreibt. Ihre knorrigen Äste sehen auch ohne Laub gut aus. Sie hat eine hohe Wuchskraft und muss deshalb rechtzeitig geschnitten werden.

Efeu klettert an Maschendrahtzäunen ebenso hoch wie an Mauern und bildet immergrüne Abgrenzungen. Er breitet sich auch als Unterwuchs unter Bäumen und Sträuchern aus.

Eine in Form geschnittene Ligusterhecke hat ihren besonderen Reiz.

Sichtschutz – Sichtkontakt

Eine Abtrennung des Vorgartens von der Straße durch eine hohe dichte Hecke wirkt abweisend und lässt außerdem in die Wohnräume nur wenig Licht. Es sieht zwar niemand mehr von draußen in den Garten, andererseits kann man im Garten oder vom Fenster aus auch nicht mehr sehen, was auf der Straße passiert. Oft wachsen Hecken und frei stehende Gehölze im Laufe der Jahre noch höher und breiter als vorgesehen. Besonders Nadelbäume – in Zwergform gekauft – werden groß und verstellen nach und nach den freien Blick. Zumindest die Sichtschneise Gartentor-Eingangstür sollte frei bleiben. Sie wird bei jedem Läuten am Gartentor gebraucht.

Klein anfangen – klein bleiben

Heute gibt es in den Baumschulen sehr viele Sträucher in Zwergform zu kaufen, die nicht höher als 0,5–1,5 m hoch werden, wie Zwergflieder, Zwergweigelie oder Zwergschneeball. Sie sind ideal für Blühhecken in kleinen Gärten, denn sie bringen Blumenschmuck in den Garten und brauchen weniger Pflege als Staudenbeete. Da sie von vornherein nicht so groß werden, muss man sie nicht laufend stutzen. Die dunkelrosa Zwergmandel blüht bereits im April, Buschrosen blühen über den ganzen Sommer, die blaue Bartblume fängt mit ihrer Blüte noch im August an. Sie alle brauchen genügend Sonne. Die gelb blühende Mahonie und Hortensien gedeihen dagegen auch im schattigen Vorgarten.

IMMER MIT DER RUHE

Informieren Sie sich vor dem Kauf von Rosen, ob diese einmal- oder öfterblühend sind. Einmalblühende Sorten bestechen durch ihre imposante Blütenfülle, öfterblühende Sorten entwickeln nicht ganz so viele Blüten, dafür blühen sie aber fast den ganzen Sommer über.

Ein „Rosenzaun“ – romantisch, verwunschen, duftend

Für Vorgärten perfekt geeignet: die Zwergmandel

Kletterpflanzen

Auch hier punkten die Kletterrosen mit einer besonders langen Blühzeit. Stark wüchsig, schnittverträglich und gut im Zaum zu halten sind Trompetenblume und Blauregen. Die Clematis hingegen ist sehr zart, sie liebt die Sonne, braucht aber einen schattigen, kühlen Wurzelbereich. Für den Schatten geeignet sind das Schlingende Geißblatt mit seinen exotisch anmutenden duftenden Blüten und die Kletterhortensie. Mauerkatze und Efeu klimmen mit ihren Haftorganen an Mauern hoch, sie werden leicht 20 m lang und füllen große Wände mit ihren Blättern. Wenn sie sich auf kleinere Flächen beschränken sollen, müssen sie konsequent geschnitten werden. Der Wilde Wein ist ein kräftiger Schlinger mit einer feuerroten Herbstfärbung.

Eine Akelei hat sich nach draußen verirrt und verschönert die harte Betonmauer.

Blütenstauden und Gräser

Ein Garten ohne Stauden ist eigentlich nicht vorstellbar. Für jeden Boden, jede Klimaregion und die verschiedenen Lichtverhältnisse finden sich Pflanzen, die durch ihre wunderbaren Blüten und schönen Blätter Aufsehen erregen. Gerade auch im Vorgarten passen sie gut und können, geschickt ausgewählt, das ganze Jahr über Farbtupfer setzen.

Manche Sorten breiten sich von selbst durch Ausläufer aus, sodass sie, einmal gepflanzt, bald eine größere Fläche bedecken. Im Tausch mit Nachbars liebsten Blumen entstehen unkomplizierte, reich blühende Staudenbeete. Denn es sind die robusten, an die Gegend angepassten Sorten, die sich gern vermehren und am dankbarsten blühen.

WICHTIG ZU WISSEN

Anzahl Blütenstauden pro m²:

- Große Stauden (z. B. Rittersporn) 3 Stück/m²
- Mittelgroße Stauden (z. B. Frauenmantel) 4-5 Stück/m²
- Kleine Polsterstauden (z. B. Polsterphlox) 4-5 Stück/m²

Die meisten Stauden ziehen über den Winter ein und schieben im kommenden Frühjahr frische Triebe aus der Erde.

Stauden für sonnige, magere Standorte

Auf mageren, trockenen Standorten kommen nur die Spezialisten unter den Pflanzen zurecht, die das geringe Angebot an Nährstoffen und Wasser optimal ausnützen können. Dafür haben sie weniger Konkurrenz von anderen Pflanzen, gegen deren Wuchskraft sie sich unter günstigeren Bedingungen nicht so leicht durchsetzen könnten. Die gewünschten Pflanzen kann man auch unterstützen, indem man sie extra in Töpfe mit Erde einsetzt und diese dann in das reine Schotter- oder Kiesbeet eingräbt. So haben sie mehr Substrat und im Schotter selbst kann sich keine starke Konkurrenz entwickeln. Außerdem haben die Beikräuter in dem groben Material wenig Halt und lassen sich leicht entfernen.

Wenn mit viel Stein gearbeitet wird, ist eine ansprechende Bepflanzung besonders wichtig, damit sie zwischen befestigten Wegen und Straßenbelag nicht zu karg aussieht.

Zu den Spezialisten für steinige, warme Plätze zählen viele Kräuter, wie Wermut, Dost, Thymian oder auch Färberkamille und Heiligenkraut. Johanniskraut, Königskerze und Lavendel sind wahre Blütenschönheiten. Bei näherer Betrachtung zeigen sich im Naturgarten vor der Haustür die interessantesten Wuchs- und Blütenformen.

Anspruchslose Stauden:

- Der Natternkopf blüht den ganzen Sommer über.
- Die Gold-Wolfsmilch ist ebenfalls ein Dauerblüher.
- Das Brandkraut wirkt durch seine streng aufrechte Wuchsform.
- Der Wollziest harmoniert durch die silbrige Behaarung mit pastellfarbenen Blüten gut.
- Fetthenne und andere Sedum-Arten machen sich mit ihren wasserhaltigen Blättern von Trockenperioden unabhängig. Sie siedeln sich in jeder Spalte und Ritze an.

Stauden für sonnige, nährstoffreiche Standorte

„Wer auf die Schokoladenseite fällt, kann aus dem Vollen schöpfen."

Auf nährstoffreichen, humosen, gut wasserversorgten, durchlässigen, kurzum guten Gartenböden entwickeln sich die meisten Pflanzen prächtig. Viele der bunten Blütenstauden haben ihre Entstehungsgeschichte im Bauerngarten, wo sie von dem gut gedüngten und lockeren Boden profitieren. Rittersporn, Sonnenhut, Flammenblume, Glockenblume und Stockrose sind der Inbegriff eines üppig blühenden, farbenfrohen Gartenbildes. Sie sind nicht schwer zu pflegen, da sie sich in unseren Breiten bewährt haben und an Klima- und Bodenverhältnisse angepasst sind. Sie stehen jedoch unter Konkurrenz der Beikräuter, die sich auf den guten Böden einstellen und Jätarbeit erfordern.

Stauden für halbschattige bis schattige Standorte

Schattenlagen stellen größere Herausforderungen dar als Sonnenplätze, können aber auch ausgesprochen reizvoll gestaltet werden. Sie sind dunkler und kühler und verlangen gutes Einfühlungsvermögen, um eine ansprechende Wirkung zu erzielen. Doch an geeigneten Pflanzen für diese Standorte mangelt es nicht. Bergenie und der Frauenmantel gedeihen sowohl in sonnigen als auch in schattigen Lagen. Farne, Wald-Geißbart, Salomonsiegel, Beinwell, Nessel und Haselwurz bedecken schattige Bereiche mit grünem Blattwerk und farbigen Blüten. Verschiedene Grüntöne oder rötliche Färbungen der Blätter von Herzblatt, Rotblättrigem Purpurglöckchen oder Elfenblume bereichern das Farbenspiel im Schatten. Wirklich schwer wird es für Pflanzen, wenn sie zusätzlich unter Trockenheit leiden und kein Regenwasser von oben bekommen – am Hausrand unter dem Dachvorsprung oder unter einem Vordach setzt man sie besser sparsam ein oder verzichtet auf Bewuchs und hilft sich mit Kiesmulch oder schönem Belag.

Stauden für frische bis feuchte Standorte

Feuchtstandorte im Garten sind sehr speziell. Meist sind sie nur mit einer eingegrabenen Folie und entsprechender Wasserzufuhr möglich. Wenn der Platz dafür im Vorgarten passt und große Stauden wie Prachtspiere, Wasserdost, Gold-Felberich und Blutweiderich ihre Blütenstände entwickeln, zeigt sich, dass sich der Aufwand gelohnt hat. Davor breiten sich die Schwertlilie, Gartengünsel und Kerzenknöterich aus und sorgen für ein ausgefallenes Erscheinungsbild.

Ein später Frühjahrsblüher ist die Kaiserkrone. Sie blüht im April/Mai.

Ziergräser

Hohe Gräser zwischen Blütenstauden oder in Einzelstellung haben eine große gestalterische Wirkung. Sie eignen sich für trockene bis feuchte Standorte in sonnigen bis halbschattigen Lagen. Vor allem auffällig gezüchtete Sorten sollten mit Bedacht eingesetzt werden, da sie nicht zu jeder Pflanzengesellschaft passen. In einen Bauerngarten passen sie ebenso wenig wie in eine von Gehölzen dominierte Bepflanzung. Dagegen fügen sie sich in schlicht gehaltene Vorgärten, an Teichen, neben einem Quellstein, einem Steinwurf oder einem Sitzplatz sehr gut ein.
Durch ihre Größe können manche Ziergräser die Funktion von Gehölzen übernehmen und einem Pflanzenbeet Struktur geben. Die meisten Gräser haben eine ganz eigene filigrane Gestalt, sodass sie besonders im Winter, mit Raureif bedeckt, schön aussehen.

Frühjahrsblüher

Frühjahrsblüher erfreuen uns im Vorgarten besonders. Sie sind die ersten Blumen nach dem Winter und werden schon sehnsüchtig erwartet. Sie empfangen uns beim Heimkommen und kündigen das neue Gartenjahr an. Im restlichen Garten ist es noch zu früh und der Boden zu nass, um mit der Gartensaison zu beginnen. Umso mehr wird der Vorgarten um diese Jahreszeit beachtet und die Blumen darin geschätzt. Schneeglöckchen, Krokusse, Tulpen, Narzissen und etwas später Traubenhyazinthen treiben ihre Spitzen ab Januar aus der Erde. Von Februar bis April leuchten sie in kräftigen Farben vor dem Haus. Buschwindröschen, Primel und Veilchen gesellen sich dazu. Da sie in der Natur den Platz mit großen Sträuchern und Bäumen teilen, kommen sie mit wenig Sonne zurecht und gedeihen auch im Norden des Hauses gut.

Nach der Tulpenblüte können schnell wachsende Einjährige den Platz füllen.

Die Praxis

Bunte Harmonie – Mittelgroßer Vorgarten in sonniger Lage mit nährstoffreichem Boden

Anhand von detaillierten Zeichnungen sollen in diesem und den folgenden Beispielen verschiedene Vorgartensituationen unter die Lupe genommen werden.
Je nachdem, ob Sie einen großen oder kleinen, schattig gelegenen oder der Sonne ausgesetzten Vorgarten bepflanzen wollen – anhand der Beschreibungen können Sie die optimale Gestaltung Ihres Vorgartens planen und die Pflanzen aussuchen, die auf dem Standort am besten gedeihen. Umfangreiche Tabellen im letzten Kapitel (siehe Seite 69) geben einen Überblick über die einzelnen Pflanzengruppen und erleichtern die Auswahl.

Der zunächst beschriebene mittelgroße Vorgartenbereich vor dem Einfamilienhaus ist großzügig angelegt. Hier blühen das ganze Jahr über zahlreiche Stauden, ergänzt von einigen Sträuchern. Die niedrige Einfriedung erlaubt einen Blick von der Straße auf die blühende Pracht.

Der überdachte Eingangsbereich kann zugleich als eine Art Laube angesehen werden. Der Zugang zur Eingangstür bleibt frei, auf der Seite sind eine Bank und ein Tisch mit zwei Sesseln aufgestellt. Im Sommer ist hier ein angenehmer Frühstücksplatz, denn auf dieser Seite des Hauses geht die Sonne auf und bescheint das Haus sehr früh. Auch sonst lässt es sich unter dem Laubendach gemütlich vor dem Haus sitzen. Ein zartes Holz- oder Metallgitter auf der Vorderseite, auf dem eine Clematis rankt, schirmt den Platz teilweise ab. Ein kompletter Sichtschutz würde zu viel Licht nehmen, außerdem ist die freie Sicht vom Eingangsbereich zum Gartentor gewünscht. Für den völlig ungestörten Aufenthalt im Freien ist die Terrasse mit dem Gartenbereich auf der Westseite (hier nicht zu sehrn) gedacht.

Der Weg vom Gartentor zum Hauseingang ist ganz leicht geschwungen und lockert die streng rechtwinkeligen Formen von Haus- und Gartengrundriss auf. Er ist so angelegt, dass noch Blickkontakt vom Haus zur Straße möglich ist. Die Gartenmitte ist mit Wiese bewachsen und bleibt frei, so wirkt der Weg großzügig und die Bepflanzung rundherum kann gut wahrgenommen werden. Eine allzu dichte Bepflanzung bis an den Weg würde einengen und die Wirkung der Blühpflanzen schmälern. Ein kleiner Zierapfel fügt sich perfekt auf der Seite des Gartens ein und sorgt für eine vertikale Strukturierung.

Als kleine Heckeneinfassung pflanzen geduldige Gartenbesitzer Buchsbaum. Er wächst langsam, benötigt dafür aber nur wenige Schnittmaßnahmen. Seine dichten kleinen Blätter schaffen die nötige Abgrenzung für die durchaus gewollte überschäumende Blütenpracht. Auf Sitzplatzhöhe werden zum Nachbarn hin höhere Blühsträucher gepflanzt. Mit genügend Abstand

Ungeduldige Gartenbesitzer setzen Immergrünen Liguster, der schnell wächst und gut in Form gehalten werden kann.

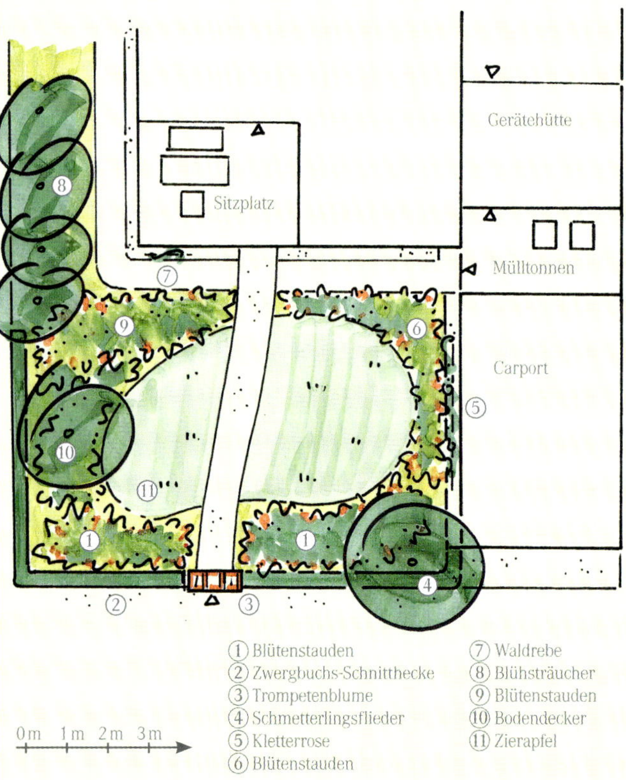

Grundriss: Bunte Harmonie

Der Blick zum Gartentor

Mit dem Rücken zur Hauswand lässt sich das Leben auf der Straße aus sicherem Abstand beobachten. Der Sitzplatz vor dem Haus bringt zusätzliche Perspektiven, weil

- auf dieser Hausseite zu bestimmten Tageszeiten das angenehmste Klima herrscht,
- der Platz neben der Tür draußen nahe dem Leben drinnen ist,
- man sieht, was sich vor Haus und Garten abspielt,
- der Platz praktisch ist zum Rasten und zum Abstellen von Einkäufen,
- er zugleich ein netter Empfang im Garten ist.

gesetzt können sie ungehindert wachsen und ihre Blüten voll entwickeln. Mit Flieder, Weigelie, Duftjasmin, Buschrose und Eibisch ist eine lange Blühzeit garantiert.

Neben dem eingefassten Vorgarten ist das Carport leicht zurückversetzt angelegt. Im Garteneck davor ragt ein Schmetterlingsflieder mit seinen überhängenden Blütentrauben hervor, auf der Seite rankt eine Kletterrose auf einem einfachen Gerüst. Die Rückwand des Carports wird von einer Gerätehütte gebildet. Sie schließt somit zugleich den hinteren Gartenteil ab. Vor dieser Rückwand ist Platz für die Mülltonnen, die damit leicht vom Haus zu erreichen, nicht weit von der Straße weg und trotzdem aus dem Blickfeld sind. Ein Seitenweg führt vom Auto direkt zum Hauseingang. Der Hauptzugang des Hauses ist dagegen repräsentativ an der Vorderseite des Vorgartens angelegt und heißt jeden Besucher freundlich willkommen. Das Gartentor ist mit einem Pflanzenbogen umrahmt, auf dem die orangeroten Blütentrichter der Trompetenblume schon von Weitem leuchten. Links und rechts des Tores säumen der dunkle Steppensalbei und die farbkräftigen Taglilien den Weg. Dahinter wachsen Gelber Sonnenhut, Sonnenauge und Steppenkerze.

Die Auswahl der Blütenstauden rund um die Gartenmitte ist sehr bunt und robust. Die Stauden vertragen viel Sonne und blühen über die Saison verteilt. Vor der Terrasse blühen robuste Bauerngartenpflanzen wie Kokarde, Margerite, Roter Sonnenhut und Glockenblume, auf der anderen Seite des Weges Gold-Wolfsmilch, Brandkraut, Fetthenne, Lavendel und Schafgarbe. Im Schatten des Baumes gedeihen Frauenmantel und Wollziest. Sie vertragen Trockenheit und verschönern gut die schmalen Flächen, ohne viel Unruhe zu erzeugen.

Der Rote und der Gelbe Sonnenhut und das Sonnenauge deuten in ihrem Namen schon ihre Liebe zu viel Sonne an. Sie zeigen ihre Blütenköpfe von Juli bis September. Die

Die Symmetrie des Hauses wird in der Heckenbepflanzung, dem Spalier und dem Briefkasten weitergeführt, während der Weg diese Strenge durch seine leichte Biegung abmildert.

Fetthenne bildet über den Sommer ihre Blütenstände aus und öffnet im Herbst ihre Blüten. An den Rankgerüsten blüht im Mai die Alpenwaldrebe. Die Kletterrose bildet vom Frühsommer weg immer wieder neue Blüten aus. Die Trompetenblume schließt sich ebenso wie der Schmetterlingsflieder gegen Ende des Sommers an.

Wann blüht was?

Zusammen mit Tulpen und Narzissen zeigt der Zierapfel im April seinen Blütenschmuck.
Im Mai beginnen Margerite und Steppenkerze sowie Wolfsmilch und Schafgarbe zu blühen. Taglilie, Kokarde, Sonnenauge, Brandkraut und Stockrose blühen ab Juni, Glockenblume, Färberkamille und Lavendel ab Juli bis in den Hochsommer.
Der Ziersalbei blüht sogar bis Oktober, vor allem, wenn er nach der ersten Blüte zurückgeschnitten wird.

Am besten setzt man Clematis unter eine Pflanze mit großen Blättern oder auf die Schattenseite der Pergola.

Pflege übers Jahr

Gehölze Die Buchshecke wird einmal pro Jahr geschnitten, um sie in Form zu halten. Auch in den ersten Jahren, wenn die Sträucher noch recht klein sind, sollte sie geschnitten werden, um den Wuchs anzuregen. Die beste Schnittzeit ist im August, dann bilden die Sträucher im Herbst noch einmal grüne Triebe aus. Werden sie zu spät im Jahr formiert, bleiben die Schnittstellen, die leicht braun werden, bis zum nächsten Frühjahr sichtbar. Außerdem sind die Triebe viel frostempfindlicher, wenn sie nach dem Schnitt nicht mehr ausreifen können.
Die höheren Blühsträucher auf der Seite des Gartens dürfen frei wachsen. Sie werden erst nach einigen Jahren zurückgeschnitten, wenn sie zu stark auswachsen oder im unteren Bereich kahl werden. Der Schmetterlingsflieder, der seinen Ursprung in einem wärmeren Klima hat und in unseren Breiten oft zurückfriert, wird jedes Frühjahr stark eingekürzt. Er treibt innerhalb eines Jahres wieder einige Meter aus und bildet reiche Blütenstände, die intensiv von Schmetterlingen und anderen Insekten besucht werden. Mit dem Zierapfel wurde ein kleiner Baum gewählt, der seine Krone frei entwickeln kann. Im Frühling trägt er reichlich Blüten und im Herbst schmückt er sich mit kleinen Zieräpfeln.
Kletterpflanzen Die Kletterrose muss nur geschnitten werden, wenn ihre Triebe zu dicht wachsen und um sie zu verjüngen. Die Trompetenblume mit ihren auffälligen Blütenbüscheln ist sehr wüchsig und wird deshalb durch starken Schnitt im Zaum gehalten. Bei der zarten Clematis besteht nicht die Gefahr, dass sie alles überwuchert. Sie sollte nur in durchlässiges Substrat gepflanzt und im Winter etwas abgedeckt werden, damit sie nicht abfriert.
Stauden Die Blumenstauden sind alle mehrjährig und zeigen sich jedes Jahr wieder. Die Fruchtstände bleiben über den Winter stehen und bieten Tieren Nahrung und Quartier. Im Schnee oder mit Raureif überzogen geben sie dem winterlichen Garten einen eigenen Reiz. Die vertrockneten Stängel werden vor dem neuen Austrieb im Frühjahr entfernt. Düngung brauchen nur die nährstoffhungrigen Stauden wie Stockrose, Kokarde, Sonnenhut, Sonnenauge und der Ziersalbei. Am besten erhalten sie im Frühjahr eine Gabe eigenen Kompost.

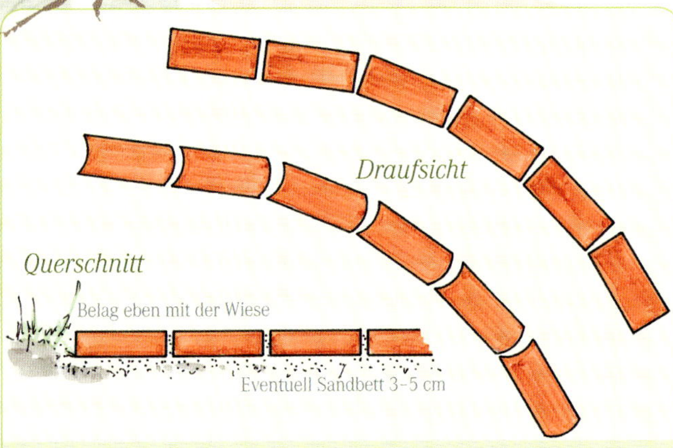

Randeinfassung, Trittsteine oder einfache Gehwege

Wiese Die kleine Wiesenfläche kann mit einem Handrasenmäher oder Trimmer gemäht werden. Für das rundum laufende Blumenbeet ist eine oval geschwungene Form gewünscht, die exakt erhalten bleiben sollte. Deshalb ist eine Einfassung mit Steinen sinnvoll. Die Einfassung sollte nicht höher als die Wiesenebene sein, damit keine unnötigen Ränder entstehen, die schwer zu mähen sind. Am besten eignen sich Klinker- oder Betonsteine, die flach in die Erde oder in ein Sandbett verlegt werden. Sie brauchen kein Betonfundament, denn sie werden nicht stark beansprucht, sondern geben nur die Begrenzung Wiese – Beet vor.

Kontraste erzeugen

Eine möglichst natürliche Gartenanlage wird schon durch die Geländeform bestimmt. In der Natur sind Böschungen und Senken geschwungen geformt und nicht exakt rechtwinkelig oder parallel zueinander.
Die runden, fließenden Formen stehen in Kontrast zu den geradlinigen Gebäuden und Grundstücksgrenzen und sorgen für eine gewollte Spannung in der Gestaltung.

Wilde Vielfalt – Mittelgroßer Vorgarten in sonniger Lage mit kargem Boden

Der Vorgarten entlang der Vorderfront des Hauses zieht sich noch ein Stück um die Ecke und wird im Garten weiter hinten von einer Blühhecke begrenzt. Die lange Zaunstrecke im Vorgartenbereich ist mit einem lebenden Weidengeflecht eingefasst. Der schmale Gartenstreifen wird durch zwei runde Plätze, die mit Wegen verbunden sind, gegliedert. Klinkersteine lassen sich gut im Sandbett verlegen. Verschiedene Muster, bogenförmige Verläufe und runde Plätze sind damit rasch gebaut. Mit der naturnahen Gestaltung entsteht eine kleine Landschaft, die zum Durchschreiten und zum Schauen (auch von außen) einlädt. Hinter dem Weidenzaun wächst eine hohe Wildblumenwiese, Erhöhungen und Steine sorgen für abwechslungsreiche Beete. Der besondere Blickfang in der Mitte ist die

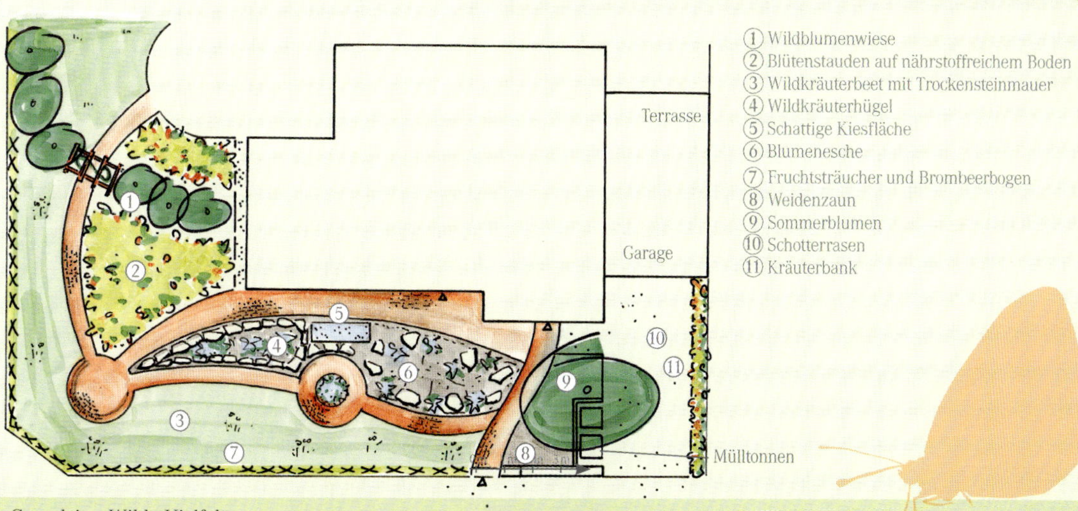

Grundriss: Wilde Vielfalt

Bank mit einer Sitzfläche aus Thymian. Höhere Blütenstauden und Blühsträucher erhöhen die Pflanzenvielfalt. Im Eingangsbereich deckt ein kleiner Hausbaum Garage und Mülltonnen-Stellplatz ab. Für die kleinen Flächen unter dem Baum und für die Zufahrt wurden spezielle Lösungen gefunden. Ein Kiesmulch im Schatten, der gut begehbar ist, und ein befahrbarer Schotterrasen ersparen zusätzliche Versiegelungen des Bodens.

Allein die Struktur des Vorgartens durch verschiedene Höhen, einzelne Steine, Steinmauern und Steinbelag ist wesentlich für den Gesamteindruck. Die Pflanzen wachsen dazwischen, lehnen sich an Steine an und füllen Ritzen. Dieses Bild wandelt sich von Jahr zu Jahr, speziell jenes von Blumenwiesen und spontaner Vegetation auf offenen Flächen.

So könnte die naturnahe Gestaltung eines Vorgartenstreifens aussehen: Die Akelei samt sich gerne aus und ist eine dankbare, pflegeleichte Pflanze.

Schaffen Sie im Beet immer wieder kleine offene Stellen, um die Selbstaussaat der Ein- und Zweijährigen zu fördern.

Ein nährstoffreiches Beet integrieren

Nährstoffliebende Wildpflanzen haben schon lange Einzug in unsere Bauerngärten gehalten: Stockrose, Salbei, Schafgarbe und Glockenblume sowie Färberkamille, Skabiose, Weinraute und Echter Eibisch sind nicht nur imposant in Wuchsform und Blüte, sie sind oft auch Heil- und Gewürzpflanzen. Die meisten dieser Stauden würden sich auch auf mageren Standorten zurechtfinden, wo sie aber kleiner und kompakter wachsen. Auf einem gut versorgten Beet entwickeln sie sich besonders üppig. Die Zweijährigen Königskerze, Nachtkerze, Muskatellersalbei und Wegwarte bilden im ersten Jahr eine Blattrosette und im zweiten Jahr ihren Blütenstand aus. Sie säen sich an offenen Stellen selbst wieder aus. Um die Vermehrung der gewünschten Wildkräuter zu ermöglichen, müssen die weniger beliebten Beikräuter gejätet werden. Löwenzahn, Brennnessel und Klee finden sich auf nährstoffreichen Böden nämlich rasch ein. Erst wenn sich die gewünschten Stauden durchgesetzt haben und mehr oder weniger eine geschlossene Fläche bilden, haben die Beikräuter keine Chance mehr.

Wildblumenwiese

Auf kargem Unterboden ist eine Wildblumenwiese besonders attraktiv. Unter nährstoffarmen trockenen Bedingungen stehen sie weniger unter Konkurrenz von wüchsigen Gräsern und Kleesorten. Typische Magerwiesengesellschaften setzen sich aus folgenden Pflanzen zusammen: Aufrechte

WICHTIG ZU WISSEN

Saatgut aus Gartencentern enthält oft exotische oder hochgezüchtete Sorten mit großen, gefüllten, aber sterilen Blüten. Die Blumenmischungen sind bunt und im ersten Jahr meist üppig, bilden jedoch nicht die richtige Grundlage für die Entwicklung einer natürlichen Wiese.

Oft sind starkwüchsige Gräser und Kleesorten enthalten, die am Anfang zu einer raschen Begrünung führen, aber in den folgenden Jahren die anderen Blumen weitgehend verdrängen. Gerade für die richtige Wiesenmischung sollte ein fachkundiger Betrieb aufgesucht werden (siehe Seite 79).

Trockenbeet, Steinmauer und Pflaster unterstreichen den gewollt mediterranen Charakter des Vorgartens.

Trespe *(Bromus erectus)*, Zittergras *(Briza media)*, Rot-Schwingel *(Festuca rubra)*, Feld-Thymian *(Thymus pulegioides)*, Schafgarbe *(Achillea millefolium)*, Johanniskraut *(Hypericum perforatum)*, Echtes Labkraut *(Galium verum)*, Wiesen-Salbei *(Salvia pratensis)*, Karthäuser-Nelke *(Dianthus carthusianorum)*, Glockenblume *(Campanula glomerata)* und Flockenblume *(Centaurea scabiosa)*.

Erhöhtes Beet mit Trockensteinmauer

Dieses erhöhte Beet wird mit einer niedrigen Trockensteinmauer eingefasst und liegt somit etwas höher als die Wege rundherum. Zwei bis drei Reihen trocken (das heißt ohne Bindematerial) verlegte Steine ergeben hier einen Höhenunterschied von etwa 40 cm. Die Steine werden direkt auf den Boden aufgelegt und möglichst gut miteinander verzahnt. Ein Unterbau der Mauer ist nicht notwendig, der Boden soll aber möglichst gefestigt und gerade sein. Damit zwischen den größeren Steinen keine zu großen Löcher entstehen, durch die das Erdmaterial ausrinnen kann, werden die Lücken mit kleineren Steinen gestopft. Regenwasser rinnt rasch ab, die Steine speichern die Sonnenwärme, an der Mauer ist es heiß und trocken. In den verbleibenden Spalten und Ritzen siedeln sich von selbst Pflanzen und Tiere an, die für diese besonderen Standorte dankbar sind.

Die Beetfläche wird mit steinigem Material aufgefüllt, ebenso kann sauberer Bauschutt verwendet werden. Zuoberst kommt eine Schicht abgemagerte Erde.

Hier gedeihen Pflanzen sehr gut, die mit wenig Wasser zurechtkommen. Sie haben sich darauf spezialisiert, das vorhandene Wasser optimal auszunutzen, und oft eine interessante Erscheinungsform ausgebildet. Sie schützen sich vor starker Verdunstung mit Haaren (z. B. Wollziest). Sie speichern das Wasser in ihren Blättern (z. B. Sedum-Arten) oder in ihren Zwiebeln (Allium-Arten, Traubenhyazinthe) und Rhizomen

Glockenblume, Schafgarbe und Taglilie geben ein schönes Bild ab.

(Iris-Arten) oder bilden eine lange Pfahlwurzel aus, um tiefer liegende Wasserschichten zu erreichen (z. B. Königskerze). Des Weiteren fühlen sich hier Zwerg-Segge, Federgras und Blaugras sowie verschiedene Sorten von Sonnenröschen, Thymian, Lein und die Küchenschelle wohl. Zusätzlich passen Nelken, Wolfsmilch, Alant und Zwerg-Schwertlilien für diesen Standort.

Hügel mit Steinen

Bei einer Beetbreite von 2,5 m hat ein Hügel von 50–75 cm Höhe Platz. Viel höher sollte er nicht aufgeschüttet werden, sonst wirkt er in dem ebenen Garten mit dieser Größe zu aufgesetzt.

Der Aufbau des Hügels erfolgt wie bei dem erhöhten Beet:

- Auf dem gewachsenen Boden wird steiniges Material aufgeschüttet und mit einer Schicht aus sandig-magerer Erde überzogen.
- Einzelne größere Steine, die auf dem Hügel verteilt aufgelegt werden, geben einem Bewuchs mit unterschiedlich hohen und dichten Pflanzen zusätzlich Struktur.
- Wärmeliebende Wildkräuter lehnen sich gern an die warmen Steine an. Auf dem Hügel fühlen sich die gleichen Pflanzen wohl wie auf dem erhöhten Beet.

IMMER MIT DER RUHE

Ein Wildblumenbeet verändert sich von Jahr zu Jahr besonders stark, und darin liegt auch sein besonderer Reiz – der Mensch darf sich überraschen lassen! Und manche nicht geplante und unerhoffte Pflanze stellt sich ein. Wer genügend Ruhe hat, die Entwicklung zu beobachten und nur in Maßen einzugreifen, gibt der Natur und sich selbst die Chance, aus der Vielfalt zu schöpfen und Neues zu entdecken.

Schattige Fläche unter dem Baum

Die Fläche unter dem Baum wird mit einer Schicht Kies abgedeckt. Er ist auch bei schlechtem Wetter gut begehbar, sodass man trockenen Fußes zu den Mülltonnen gelangen kann.

Auf dem Kies fühlt sich die Goldnessel wohl, sie verträgt auch die Beschattung durch den Baum sehr gut. Sie wird so weit in ihrer Ausbreitung beschränkt, wie der Weg zu den Mistkübeln frei bleiben soll.

Als kleiner Baum vor dem Haus wurde eine Blumenesche ausgewählt. Sie bildet im Mai weiße, duftende Blütenbüschel. Die Blumenesche mag es nicht zu kalt und verträgt viel Trockenheit.

Verschiedene Gehölze umspielen den Eingangsbereich.

Blühsträucher

Auf der Terrasse am Haus soll ein unbeobachteter Aufenthalt im Garten möglich sein. Der Sitzbereich wird auf der Seite des Hauses weiter vorgezogen, damit er mehr in der Sonne liegt. Dadurch ist er von der Straße über den Vorgarten her gut einsehbar. Eine Reihe Sträucher innerhalb des Gartens schirmt die Terrasse ab.

In diesem Stück der Hecke wurden nur heimische Sträucher gewählt, die essbare Früchte liefern. Felsenbirne, Weißdorn, Sanddorn (um Früchte zu erhalten, müssen eine männliche und eine weibliche Pflanze gesetzt werden) und Dirndl (Kornelkirsche). Auch der Pflanzenbogen wurde kulinarisch bepflanzt: Die langen Triebe der stachellosen Brombeere ranken sich um einen Torbogen und laden in den hinteren Gartenteil ein. Wer unter dem Bogen durchgeht, kann gleich ein paar Früchte naschen.

Auf der anderen Seite des Torbogens wird die Hecke mit bunten Blühsträuchern weitergeführt, die auch der Tierwelt reichlich Nahrung liefern: Schneeball, Weißdorn, Hartriegel, Kreuzdorn und Faulbaum sind wichtige Insekten- und Vogelschutzgehölze.

Ein lebender Weidenzaun lässt sich leicht selbst herstellen.

Weidenzaun

Weiden eignen sich besonders gut für lebende Bauwerke. Abgeschnittene Weidenruten schlagen rasch Wurzeln und vertragen kräftigen Rückschnitt. Silberweide, Purpurweide und Salweide sind sehr biegsam und lassen viele gestalterische Ideen zu. Die beste Zeit zum Anwurzeln ist das zeitige Frühjahr bis in den April, denn anfangs brauchen sie ausreichend Wasser.

So wird's gemacht:
Für die Anlage des Weidenzaunes wird zuerst ein schmaler Graben mit 30–40 cm Tiefe gezogen. Ein einfaches Gerüst mit Holzstehern und Querbalken stützt die frisch gesteckten Ruten. Diese werden am besten schräg in den Graben gestellt, dann schlagen sie über ihre ganze Länge aus. Die Knospen treiben bereits nach 4–6 Wochen aus, die jungen Triebe werden immer wieder quer verflochten beziehungsweise zurückgeschnitten. Wenn der Zaun gut verwachsen ist, kann man das Gerüst entfernen.

Beetstreifen entlang der Einfahrt

Für die schmalen Streifen entlang der Einfahrt eignet sich eine Bepflanzung mit Sonnenblumen gut. Ihre Samen werden jedes Jahr in Töpfen vorgezogen, da die jungen Keimlinge vor den Nacktschnecken nicht sicher sind. Dazwischen und am Zaun rankt die einjährige Kapuzinerkresse, die ab Mitte April am Fensterbrett vorgezogen wird.

Schotterrasen für die Einfahrt

Für die Einfahrt wird auf einen 30–40 cm tiefen Unterbau aus Grädermaterial eine Deckschicht aus Splitt und Sand und einer geringen Menge Humus aufgebracht. Der Humusanteil hilft der Samenmischung beim Keimen. Den Schotterrasen kann man auch spontan besiedeln lassen. Mit der Zeit stellen sich anspruchslose Pflanzen ein, die mit wenig Wasser und Nährstoffen auskommen. Eine Schotterrasenmischung enthält z. B. Deutsches Weidelgras (*Lolium perenne*), Rot-Schwingel-Arten und Rispengräser. Im Laufe der Zeit werden sich Pionierpflanzen dazugesellen, vor allem im Randbereich.

Hausbank einmal anders

Die Hausbank in diesem Beispiel ist ein besonderes Stück. Ein Rahmen aus Stein oder Holz wird mit einem durchlässigen, steinigen und damit festen Erdgemisch gefüllt.
Darauf hat sich ein dichter Thymian-Teppich (*Thymus serpyllum*) gebildet, auf den man sich durchaus setzen kann – Ein weicher Platz mit Kräuterduft!

Vorteile einer naturnahen Bepflanzung

In naturnahen Gärten stellt sich eine vielfältige Pflanzen- und Tierwelt ein. Treten Schädlinge oder Krankheiten auf, können

Sonnenblumen bereichern jede naturnahe Bepflanzung.

Nützlinge den Befall in Schach halten oder sich neue gesunde Pflanzengesellschaften einstellen. Bis zu einem gewissen Grad kann sich die Natur im Gleichgewicht halten. Diese Art der Bepflanzung ist nicht nur sehr zeitsparend für den Menschen; Pflanzen und Tiere dürfen sich großteils frei entwickeln, denn im Garten herrscht eine andere Ordnung als im Wohnzimmer.
Wer sich darauf einlässt, nicht jede unbekannte Pflanze als Unkraut wegreißt und mit der Natur arbeitet und nicht gegen sie, kann jedes Jahr Neues beobachten und entdecken.

Wann blüht was?

- Im nährstoffreichen Beet läuft eine üppige Blühfolge von Mai bis Oktober ab. Besonders lange vom Frühsommer bis in den Herbst blühen der Rote und der Gelbe Sonnenhut, Nachtkerze, Wegwarte und Salbei. Die Wildblumenwiese hat ihren Höhepunkt mit Karthäusernelke, Knäuel-Glockenblume, Thymian und Echtem Labkraut im Frühsommer.
- Die hellvioletten Blüten der Küchenschelle ab März und die dunkelblauen Traubenhyazinthen ab April kommen in der steinigen Landschaft gut zur Geltung. Schwertlilien, Nelken und Wolfsmilch blühen ab Mai, Sonnenröschen und Lein im Frühsommer, Alant und Sedum-Arten im Hochsommer. Die Gräser sind bis in den Herbst und Winter attraktiv.
- Die Blumenesche wird ihrem Namen gerecht. Von Mai bis Juni duften ihre weißen Blütentrauben. Im Schatten des Baumes blüht zur selben Zeit die Goldnessel. Mit ihren weiß panaschierten Blättern ist sie die ganze Saison über ein interessanter Bodendecker. Die Blühsträucher vor der Terrasse bieten im Frühjahr ihren Blütenschmuck, im Herbst können die Früchte geerntet und zu Saft und Marmeladen verarbeitet werden.
- Die Thymianbank duftet, während der Blüte im Juni-Juli, besonders intensiv.

Pflege übers Jahr

Stauden Auf den sonnigen Beeten mit mageren Böden ist kein großer Pflegeaufwand notwendig. Es können sich eben nur jene Pflanzen durchsetzen, die diesen extremen Bedingungen – Trockenheit, Hitze, wenig Nährstoffe – standhalten. Auch die Pflanzen, die sich mit Steinritzen zufriedengeben, werden die Steinmauer nicht überwuchern. Wichtig ist vor allem die Vorarbeit bei der Anlage der Beete. Das Erdmaterial sollte möglichst frei von hartnäckigen Beikräutern sein. Wenn sich diese doch wieder ausbreiten, ist Jäten angesagt. Auf dem nährstoffreichen Beet werden sich deutlich mehr ungewünschte Beikräuter einstellen, die regelmäßig gejätet werden müssen.
Bei geringem Nährstoffangebot wachsen die Pflanzen eher gedrungen und fest. Nur wenn sie sich gar nicht richtig entwickeln, werden sie am besten im Frühjahr mit Kompost gedüngt. Auch Gießen erübrigt sich, nur neu gesetzte Pflanzen werden mit Wassergaben verwöhnt, bis sie eingewurzelt sind.

IMMER MIT DER RUHE

Auf mageren Standorten, die großer Hitze ausgesetzt sind, wirken die Pflanzen im Hochsommer schnell vertrocknet.
Die meisten erholen sich wieder, aber lassen Sie auch die vertrockneten Stauden über den Winter stehen, um den Tieren eine Nahrungsquelle zu sichern. Dafür sehen die vereisten und verschneiten Stängel im Winter oft recht bizarr aus und schmücken den Garten auf besondere Art.

Wiese Die hohe Blumenwiese wird einmal pro Jahr Ende Juni gemäht, wenn die Blumen großteils ausgesamt haben. Danach folgt nur noch ein langsames Wachstum, eine Mahd, maximal zwei, pro Jahr ist deshalb ausreichend. Das hohe Gras wird am besten mit der Sense gemäht, eventuell mit einer Motorsense, bei der ein rotierender Nylonfaden die Schneide ersetzt. Der saubere Schnitt mit einer Sense ist für Käfer und Raupen wesentlich schonender als mit dem Rasenmäher, bei dem sie wenig Überlebenschancen haben.

Gehölze Bei fachgerechter Anlage und anfangs ausreichend Gießwasser treibt der lebende Weidenzaun rasch aus. Er wird regelmäßig zurückgeschnitten und die neuen Triebe eingeflochten, bis er ganz dicht ist. Wenn er zu viele Seitentriebe entwickelt, werden auch diese eingekürzt.

Die frei wachsenden Sträucher brauchen in den ersten Jahren nicht geschnitten zu werden. Die abgetragenen Triebe der Brombeere werden im Herbst bodennah abgeschnitten, neue Triebe werden wieder hochgebunden. Im Sommer werden die Seitentriebe daran eingekürzt, an ihnen bilden sich die Früchte aus.

Die Sommerblumen entlang der Zufahrt werden im Frühjahr vorgezogen. Eine Alternative dazu ist eine Bepflanzung mit mehrjährigen Staudenblumen.

Typisch für eine naturnahe Bepflanzung sind ungefüllte Blüten.

Grüne Oase – Mittelgroßer Vorgarten in schattiger Lage

Das Haus liegt geborgen in einer Mulde. Der Vorgarten wird auf zwei Seiten von einer Böschung eingerahmt, die sich mit ihrer Bepflanzung deutlich von der ebenen Wiese in der Mitte abhebt. Diese Bepflanzung wird an den anderen Seiten des Vorgartens in einem schwungvollen Bogen weitergezogen.

Vom Gartentor gelangt man über eine Treppe in den vertieften Bereich. Die Stufen sind breit und flach aus rauen Steinplatten angelegt, denn der Hauptzugang muss das ganze Jahr sicher begehbar sein. Der Weg führt weiter über die Wiese mittig durch den Vorgarten. Die Wiese gibt dem abgesenkten Garten die nötige Weite, um sich nicht beengt zu fühlen.

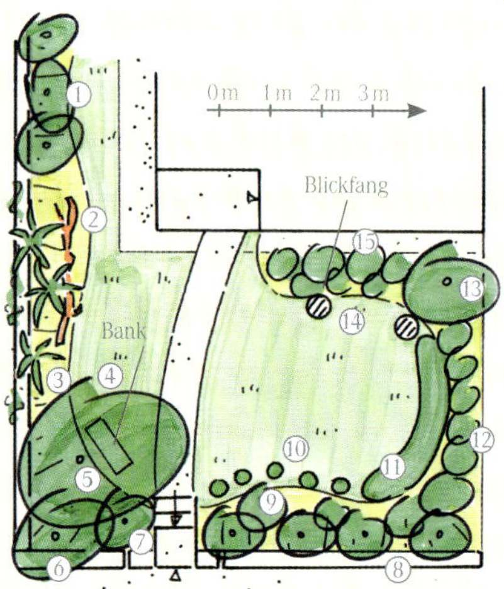

1. Beerensträucher
2. Farnbeet
3. Schlingendes Geißblatt
4. Bluthasel
5. Gelber Lerchensporn
6. Pfaffenkapperl
7. Eibe
8. Schneeballhecke
9. Hortensien
10. Zwergbuchs
11. Bergenien
12. Astilben
13. Kirschlorbeer
14. Akelei
15. Tränendes Herz

Grundriss: Grüne Oase

Der Vorgarten liegt sehr schattig und der Boden hält lange feucht. Außer einer Bluthasel seitlich des Gartentors wurden keine Bäume oder groß wachsenden Pflanzen gesetzt, um dem Garten nicht zu viel Licht zu nehmen. Unter dem Schirm der Bluthasel steht eine einfache Holzbank, von der man einen schönen Blick über den Garten hat. Auf der Böschung oberhalb der Hasel breitet sich der Gelbe Lerchensporn aus. Im Eck neben dem Gartentor steht eine große dunkle Kugel, eine in Form geschnittene Eibe. Die überhängenden Triebe des zarten Pfaffenhütchens tragen im Herbst leuchtend orangerote Früchte. Auch das Schlingende Geißblatt am Zaun hat glänzend rote Früchte und im Frühjahr duftende Blüten. Zwischen den Farnen finden gesammelte Schätze einen Platz - Mitbringsel von Spaziergängen im Wald oder am Bach wie Steine, Äste oder Wurzeln. Sie verstärken das märchenhafte Bild des Gartens. Am Hang auf Haushöhe wurden Rote und Schwarze Johannisbeersträucher gepflanzt, um den Platz gut zu nutzen und Früchte zu ernten.
Eine Reihe von Immergrünem Schneeball bildet eine lockere Hecke zur Straße hin, die auch im Winter mit ihren grünen, nach unten geklappten Blättern nicht kahl wird.
Unterhalb der Hecke wachsen Hortensien, am Übergang zur Wiese hin steht eine Reihe kleiner Buchskugeln. An der Gartengrenze im Westen wurden Astilben gepflanzt. Der feuchte Standort auf der unteren Ebene ist ideal für feuchtigkeitsliebende Pflanzen, auch Wasserdost fühlt sich hier wohl. An der Hausseite stehen Tränendes Herz und Akelei, hier ist der Boden durchlässiger und das Wasser kann rasch abfließen.
Ein aufrecht wachsender Kirschlorbeer schließt den Garten im Hauseck ab. Mit seinen immergrünen Blättern ist er auch im Winter ein Schmuckstück. Am unteren Rand bildet der Riesensteinbrech mit seinen großen runden Blättern einen dichten Teppich. Einzelne helle Steine, Gefäße oder Kugeln heben sich gut von der dunklen Bepflanzung im Hintergrund ab. Sie verleihen dem Garten einen besonderen Charakter.

Schattenliebende Pflanzen in verschiedenen Grüntönen sind klassisch schön.

Schattige Gärten haben ihren ganz eigenen Charme, der durch die richtige Bepflanzung hervorgehoben wird.

Das Geißblatt ist sehr pflegeleicht und immergrün. Bei Kälte rollt es lediglich die Blätter ein.

Die Wiese auf dem schattigen, feuchten Standort darf moosig werden, Sie passt zum märchenhaften Stil dieses Gartens.

Vorteile von Schattengärten

Ein Schattengarten wirkt sehr malerisch und harmonisch, weil

- in ihm die Grüntöne überwiegen, die beruhigend auf Auge und Gemüt wirken,
- die unterschiedlichen Blattformen großflächig besonders gut zur Geltung kommen,
- die überwiegend weißen und gelben Blüten vor dem dunklen Hintergrund besonders leuchten,
- persönliche Sammelobjekte hier gut zur Geltung kommen – als auffällige Blickpunkte oder versteckt zwischen Blättern.

Pflege übers Jahr

Eibe und Zwergbuchs werden regelmäßig kugelig geschnitten, damit sie Form und Größe beibehalten. Sie sind beide sehr schnittverträglich und werden am besten im Spätsommer in Form gebracht, so bleiben sie dicht und grün. Die Schneeballhecke wird nach Bedarf im Spätsommer geschnitten. Die Bluthasel soll groß werden und darf die ersten Jahre wachsen; später können ältere Triebe herausgeschnitten werden. Zwischen den Sträuchern kann man mit Laub mulchen, die Hortensien düngt man am besten mit dem saureren Laub-Nadel-Kompost.

Stauden ziehen über den Winter meist ein. Sie können aber zum Schutz mit Tannenzweigen abgedeckt werden. Auch eine Mulchschicht tut ihnen gut. Gedüngt wird, wenn nötig, im Frühjahr, am besten mit organischen Düngern wie Hornmehl.

Wann blüht was?

Dieser Garten wirkt vor allem durch seine Grüntöne und Blattstrukturen. Trotzdem leuchten einige interessante Blüten hervor. Die Bergenie blüht ab April. Der Wollige Schneeball zeigt seine Blütenteller im Mai, ebenso Akelei und Tränendes Herz, anschließend Hortensien ab Juni und Astilben ab Juli bis September.

Viele Bodendecker, die Schatten vertragen, blühen im Frühjahr. Der Gelbe Lerchensporn hingegen bringt noch den ganzen Sommer über helle Farbpunkte auf den Hang. Ab Juni duften auch die Blüten des Schlingenden Geißblattes.

Blickfang – Kleiner Vorgarten in sonniger Lage

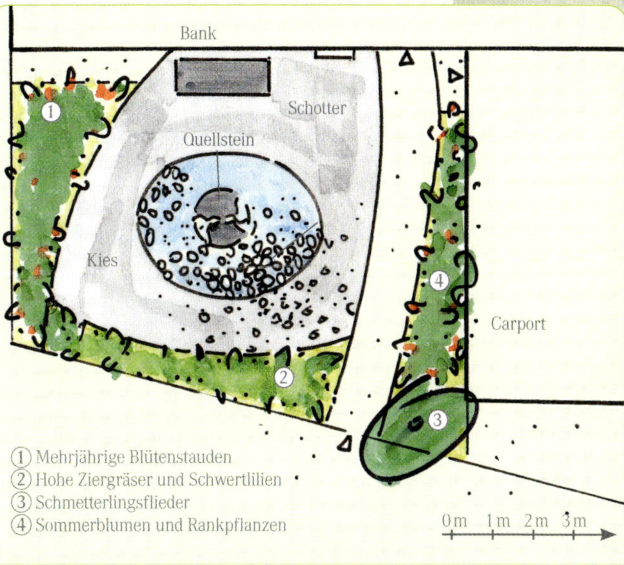

Grundriss: Blickfang

Der kleine Vorgarten ist mit einem niedrigen Zaun und einem Gartentor vom öffentlichen Bereich abgegrenzt. Er ist von der Straße frei einsehbar – und der Blick lohnt sich. Diesen Garten mit hohem Bewuchs vor Blicken schützen zu wollen, würde ihn sehr abweisend erscheinen lassen und beengen. Und doch wird oft aus Unkenntnis oder Ideenlosigkeit eine hohe Hecke gepflanzt, die wenig Spielraum für eine ansprechende Gestaltung zulässt.

Der Weg vom Gartentor zum Haus führt an einem Quellstein vorbei. Die Bank vor dem Haus lädt zum Verweilen ein, um sich vom sanften Wassergeräusch beruhigen zu lassen oder den Kontakt mit den Nachbarn zu suchen. Ein paar hohe Gräser im Vordergrund bieten einen leichten Blickschutz. Sie passen gut zu dem Wasserelement und der Einfassung mit grobem Kies oder Schotter. Der Kiesbelag erzeugt die nötige Weite entlang des Weges und braucht kaum Pflege. Die Anlage einer Wiesenfläche lohnt sich nicht, da das Mähen für diese kleine Fläche sehr aufwendig wäre. Anderer Bewuchs direkt neben dem Weg würde schnell beengend wirken. Eine mögliche Alternative wäre eine extensive Begrünung mit Sedum- und Nelkenarten ähnlich einer Dachbegrünung, da der sonnige Standort sicher sehr trocken und heiß ist. Den Kontrast bieten neben den hohen Gräsern am Rand Schwertlilien, Taglilien und die Königskerze.

Die geschwungenen Beete sind mit einem gebogenen Blech gegen den Kies hin eingefasst. So lassen sich Rundungen gut formen und auf Dauer erhalten. Das Blech kann auch ein Stück herausragen und so die Beetseite eventuell etwas höher liegen als die Kiesseite. Die Kante stört nicht, denn es gibt keine Querverbindungen.

Auf der anderen Seite des Weges ist Platz für einen schmalwüchsigen Strauch wie Eibisch oder Sommerflieder und einige Sommerblüher oder Blumenstauden. Mit selbst vorgezogenen Jungpflanzen von einjährigen Sommerblumen wie Sonnenblume, Schmuckkörbchen (*Cosmea*) und Studentenblume (*Tagetes*) ist ein blühendes Beet bald ausgestattet. Auch am Zaun machen sich Einjährige gut. Die rasch wachsenden Prachtwicken und Feuerbohnen sind ein wahrer Hingucker, zumal die Feuerbohnen auch noch eine Ernte liefern.

Mehrjährige Blütenstauden brauchen bei einer Neuanlage etwas länger, um ein Beet üppig blühen zu lassen. Sie haben jedoch gegenüber den Sommerblumen den Vorteil, dass sie im nächsten Frühjahr wieder von selbst austreiben. Auf einem nährstoffreichen Substrat entsteht mit Ziersalbei, Storchschnabel, Aster, Kugellauch und dem Ziergras ein ausgefallenes Beet.

Hingucker Quellstein

Der Schotter dieses Beetes liegt auf einem Gitterrost und verbirgt ein eingegrabenes Becken, das mit Wasser gefüllt ist und in dem sich auch die Umwälzpumpe befindet. Das Wasser plätschert über den Quellstein und versickert wieder im Untergrund.

Vorgezogene Pflanzen können der Gefräßigkeit der Nacktschnecken besser standhalten, wenn sie schon etwas kräftiger sind.

Wenn die Pumpe an den Stromkreislauf angeschlossen wird, muss ein Kabel zu der Wasserstelle führen. Sie kann aber auch direkt mit einer Solarzelle betrieben werden, die in der Nähe auf einem sonnigen Platz aufgestellt wird. Scheint Sonne auf die Solarzelle, bringt der erzeugte Strom das Wasser zum Fließen. Bei bedecktem Himmel oder wenn gerade eine Wolke an der Sonne vorbeizieht, versiegt der Wasserlauf. Wer sich für eine naturnahe Gestaltung entscheidet, kommt am Solarbetrieb wohl nicht vorbei!

Für lockeren Sichtschutz auf trockenem Boden eignet sich das Riesen-Federgras *(Stipa gigantea)*, das dichte, über 1,5 m hohe Horste mit zarten Blütenrispen ausbildet, oder das niedrigere (ca. 80 cm hohe) Silber-Ährengras *(Stipa calamagrostis)*. Davor sorgen Schwertlilien mit ihren unterschiedlichen Blütenfarben für Abwechslung. Die Farbpalette der Blüten reicht von Gelb über Blau zu Braun und Violett. Schwertlilien sind sehr robuste Stauden, die viel Sonne und durchlässige Böden lieben.

Den Blick fangen

Ein schöner Vorgarten soll durchaus Blicke von außen anziehen,

- um das Haus von seiner besten Seite zu präsentieren,
- um den persönlichen Geschmack der Bewohner zum Ausdruck zu bringen,
- um andere Wege zu gehen als sich hinter hohen Hecken einzuschließen,
- um zu einem freundlichen Ortsbild beizutragen,
- denn dann lohnt sich die besondere Gestaltung für die Bewohner, aber auch für die Besucher.

Mit wenig Aufwand wurde hier ein ganz besonderer und pflegeleichter Vorgarten erschaffen.

Wann blüht was?

Die Schwertlilien blühen im Mai und Juni, die Ziergräser wirken durch ihre Wuchsform an sich. Im Anschluss an die Schwertlilien, von Juni bis August, blühen die Taglilien. Die beeindruckende Königskerze öffnet ab Juli nacheinander ihre Blüten. Die Staudenblumen blühen von April bis Oktober.
Mit Tulpen und anderen Frühjahrsblühern beginnt die Blüte bereits Anfang März. Auf dem Staudenbeet blüht Ziersalbei sehr lange von Juni bis Oktober und ergänzt sich farblich sehr schön mit Tüpfel-Johanniskraut, Storchschnabel, Zierlauch und später mit Astern. Das Sommerblumenbeet hat seine volle Blütenpracht im Hochsommer erreicht. Schmetterlingsflieder und Eibisch blühen von Juli bis September.

Pflege übers Jahr

Gehölze Eibisch und Sommerflieder kommen gut mit einem trockenen Standort zurecht. Der Eibisch wächst von sich aus schmal und aufrecht und muss nicht viel zurechtgeschnitten werden – so besteht auch nicht die Gefahr, dass ihm zu viele Blüten weggeschnitten werden. Der Schmetterlingsflieder wird im Frühjahr sowieso stark eingekürzt.
Stauden Die vertrockneten Stauden und Gräser werden nach dem Winter abgeschnitten. In der Schotterfläche um den Quellstein kommt mit der Zeit Spontanvegetation auf. Wenn sie stört, kann sie leicht gejätet werden, da die Wildpflanzen sich im Schotter nicht fest einwurzeln können.
Für das Beet mit einjährigen Blumen und Rankpflanzen werden die Samen im Frühjahr vorgezogen.

Ein Teich im Vorgarten – egal ob groß oder klein – zieht die Blicke aller Passanten auf sich.

Wenig Aufwand und große Wirkung – Kleiner Vorgarten in schattiger Lage

Auf der Freifläche vor dem Haus ist außer dem Zugang zum Garagentor keine weitere Nutzung vorgesehen. Der Zugang führt entlang des Hauses. Die restliche Fläche muss jedoch nicht zugepflastert werden, wie es oft der Einfachheit halber passiert, weil so am wenigsten Pflegeaufwand notwendig ist. Kleine Pflanzinseln lockern das Bild auf und sorgen für Farbe und Struktur. Die Pflege ist trotzdem nicht aufwendig. Die Bereiche, die vom Belag ausgespart werden, sind meist von allen Seiten zugänglich und gut überschaubar. Die Pflanzen können im Boden wurzeln und sind daher weder besonders austrocknungs- noch frostgefährdet.
Im Beispiel wurde für die Pflanzflächen ein schachbrettartiges Muster aus mehreren Quadraten gewählt. Ein Quadrat entspricht etwa 80 x 80 cm. Dieses Maß ergibt sich

aus der doppelten Plattenbreite des Belags. Das Muster ist großzügig genug gewählt, dass es auch mit mehr oder weniger „übergreifendem" Bewuchs erhalten bleibt. Ein teilweises Überwachsen der Ränder ist sogar erwünscht. Die Pflanzen bilden damit einen reizvollen Kontrast zur streng geometrischen Form des Belags. Der Vorgarten liegt im Schatten des Hauses, und damit beschränkt sich die Wahl der Bodendecker und etwas höheren Stauden, die in den einzelnen Quadraten gut zur Geltung kommen, auf schattenverträgliche Arten. Da sich viele Pflanzen auf die Situation unter Bäumen und Sträuchern angepasst haben, wo sie mit wenig Licht und Wasser zurechtkommen müssen, gibt es auch hier Auswahl genug.

Der Weg vom Gartentor führt entlang des Hauses bis zur Eingangstür, die an der Seitenwand weiter zurückversetzt ist. Zwischen Weg und Zaun bleibt ein langer schmaler Streifen, der für eine Bepflanzung zur Verfügung steht. Um diese lange Linie zu unterbrechen, wurden Weg und Pflanzflächen ineinander verzahnt. Einzeln stehende größere Sträucher zwischen Flächen mit niedrigeren Pflanzen heben die Länge optisch zusätzlich auf.

Für die Grünfläche entlang des Hauses wurden ebenfalls schattenverträgliche Pflanzen ausgewählt. Der Liguster in Einzelstellung wird nicht in Form geschnitten und kann im Frühsommer seine weißen Blütenrispen zeigen. Die aufgeblasenen, hellgrünen Früchte der heimischen Pimpernuss klap-

Größere versiegelte Flächen wirken sehr monoton und kahl. Hier bringen schon kleine Pflanzeninseln eine große Wirkung.

Mit Mustern spielen

Wie die Platten oder Steine verlegt werden - dafür können zuvor am Papier zahlreiche Varianten probiert werden! Vorgabe sind die zur Verfügung stehende Fläche und die Festlegung der Bereiche, die begehbar und befahrbar sein sollen. Dann kann je nach der Größe der Platten ein Plan mit Verlegemuster und Pflanzenwahl angelegt werden.

Die Anordnung des Musters bleibt mit flächigem Bewuchs deutlich erkennbar. Am besten wählt man pro Pflanzfläche eine Pflanzenart. Bei kleinflächigem Muster sollte ein möglichst niedriger Bewuchs gewählt werden. Dazu eignen sich Bodendecker besonders gut.

Anspruchslose Bodendecker, z. B. Sedumarten, eignen sich für eine Minimalbepflanzung.

Kleiner Aufwand, große Wirkung

Kleine Pflanzinseln bringen Abwechslung, weil sie

- gleichförmige Flächen durchbrechen und auflockern,
- den Pflanzen keine extremen Bedingungen abfordern wie in Töpfen und anderen Pflanzgefäßen und daher weniger intensiv betreut werden müssen,
- sich an Hauswänden oft für Kletterpflanzen anbieten, die sich in Pflanzgefäßen nicht so gut entwickeln könnten,
- oft die letzte Möglichkeit sind, offene Stellen in sonst versiegelten Flächen zu erhalten, und damit auch für Drainage sorgen,
- in Kombination mit Belag und Einfassung für interessante Effekte sorgen.

pern im Wind. Der Gewöhnliche Schneeball braucht genügend Feuchtigkeit im Boden, dann wächst er gesund und bildet weiße Blütenteller und später rote Früchte aus. Dazwischen füllen hoch wachsende Stauden mit auffälligen Blütenständen die Fläche. Der gelbe Goldfelberich, die Astilbe mit weiß- bis rotfarbigen und die Spierstaude mit weißen Blüten gedeihen auf schattigen Standorten und lieben feuchte Böden.

Wann blüht was?

In den Pflanzquadraten blühen Taubnessel und Gedenkemein ab April, Beinwell, Storchschnabel, Frauenmantel und Elfenblume ab Mai und Purpurglöckchen und Gelber Lerchensporn ab Juni. Seitlich des Hauses schmücken der Gewöhnliche Schneeball und die Pimpernuss ab Mai mit ihren Blüten, Goldfelberich und Liguster ab Juni, Wasserdost und Wald-Geißbart ab Juli. Die Pimpernuss fällt mit ihren blasenartigen Früchten im September auf. Zwischen den Stauden blühen im zeitigen Frühjahr Scharbockskraut und Buschwindröschen.

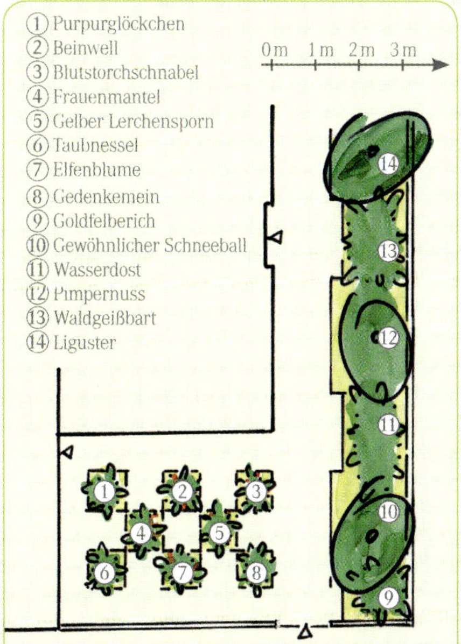

Grundriss: Wenig Aufwand und große Wirkung

Pflege übers Jahr

Dieser Garten braucht besonders wenig Pflege, wenn die richtigen Pflanzen für den Standort ausgewählt wurden. Die Stauden werden im Frühjahr und die Sträucher nach Bedarf zurückgeschnitten. Eine Kompostdüngung im Frühjahr erhält einen kräftigen Wuchs.

Das Schachbrettmuster sieht schön aus, und die Pflanzungen lassen sich gut erreichen und pflegen.

Lebenskünstler – Besonders kleiner Vorgarten in sonniger Lage

Der kleine Platz an der Sonne vor dem Haus wird von den Bewohnern gerne genutzt. Obwohl der Raum zum Gestalten häufig sehr eng ist, lässt sich einiges an Pflanzflächen und -kisten unterbringen, um eine nette Atmosphäre zu schaffen. Auf einer freien Fläche zwischen Haustür und Zufahrt entsteht eine gemütliche Sitzecke, in der man sich entspannt zurücklehnen kann. Natürlich nimmt man weiterhin am Straßenleben teil (was hier durchaus gewünscht ist), aber man sitzt geschützt und von Blumen und Kräutern umgeben. Die Abtrennung zur Garage beziehungsweise Zufahrt durch ein Pflanzbeet mit Pergola gibt „Rückenschutz" und verdeckt den Blick auf das parkende Auto. An der Pergola rankt Silberregen hoch, der sehr anspruchslos ist und Trockenheit und Hitze gut verträgt. Darunter wachsen Schwarzkümmel, Schmuckkörbchen und Studentenblume. Sie sind alle einjährig und werden im nächsten Jahr wieder ausgesät. Zur Straße hin bilden einige Pflanztröge eine Art Einfriedung mit einem Durchgang. In den Pflanztrögen wachsen Echter Salbei, Katzenminze, Brandkraut, Roter Sonnenhut, Iris und Margeriten. Im Eck zwischen den Türen wird eine Weinrebe hochgezogen, sie braucht einen warmen, gut gedüngten Platz.

Davor steht eine große Stockrose, die ebenfalls einen nährstoffreichen Boden braucht. Vor dem Fenster hängt ein Blumenkistchen, das mit Küchenkräutern bepflanzt ist. Minze, Basilikum und Schnittlauch kommen frisch geschnitten direkt auf den Teller. Einige weitere Töpfe mit Melisse, Tomaten und Petersilie stehen neben den Trögen oder an der Hauswand und sorgen für ein fröhliches Bild.

Einjährigen wie Schwarzkümmel und Schmuckkörbchen muss man nur Zeit zum Ausreifen geben, dann verstreuen sie ihre Samen in die Umgebung.

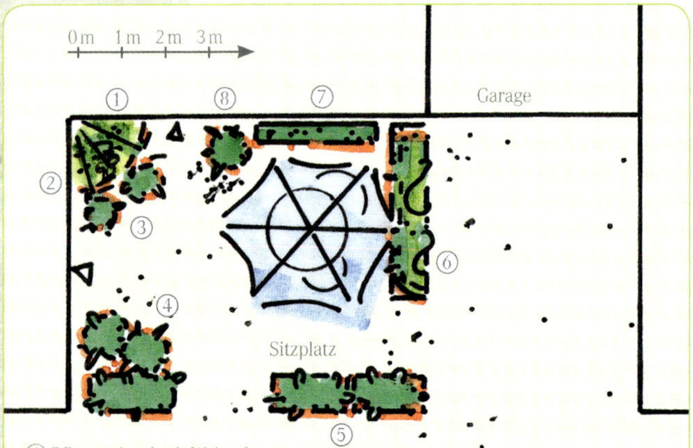

① Pflanzeninsel mit Weinrebe
② Stockrose
③ Töpfe mit Tomaten und Schnittlauch
④ Töpfe mit Lavendel und Salbei
⑤ Tröge mit mehrjährigen Blütenstauden
⑥ Pflanzeninsel mit Sommerblumen und Silberregen
⑦ Fensterkistchen mit Minze, Basilikum und Schnittlauch
⑧ Topf mit Melisse

Grundriss: Lebenskünstler

Garten für Lebenskünstler

Mit etwas Geschick und dem Gefühl für Individualität kann man auch kleine Räume optimal nutzen, indem man

- mit Töpfen und Trögen kleine Gärten entstehen lässt,
- jeden freien Winkel nutzt und kahle Freiflächen zu neuem Leben erweckt,
- durch senkrechte Begrünung von Wänden und Abtrennungen Räume schafft.

Wann blüht was?

In den Pflanztrögen blühen Muskatellersalbei, Katzenminze, Margerite und Iris im Mai, gefolgt von Brandkraut und Rotem Sonnenhut.

Die Lavendelblüten duften ab Juni, auch die Stockrose beginnt nun zu blühen. Die Sommerblumen schaffen von Mai bis in den Herbst ein buntes Bild.

Die Kräuter in den Töpfen und Kisten sind zum Ernten, aber auch ihre sommerlichen Blüten machen sich gut.

Auch aus einem sehr kleinen Vorgarten kann man eine Menge machen.

Pflege übers Jahr

Je größer die Pflanzgefäße, desto mehr Wurzelraum steht den Pflanzen zur Verfügung. In den Topf oder Trog wird eine Drainageschicht aus Blähton gefüllt, darüber torffreie Blumenerde oder ein selbst hergestelltes Erde-Sand-Kompost-Gemisch im Verhältnis 1:1:1. Tägliches Gießen ist bei heißem Wetter unumgänglich, außer es wurde eine automatische Bewässerung vorgesehen. Damit nicht so viel Wasser verdunstet und die oberste Substratschicht austrocknet, wird sie mit einer Mulchschicht aus Gras oder Heu abgedeckt. Da insgesamt nicht viel Substrat zur Verfügung steht, werden die nährstoffliebenden Pflanzen mit Langzeitdüngern (Hornspäne, Gesteinsmehl) unterstützt. Im Winter werden die kleineren Gefäße an die Wand geschoben und auf ein Holzbrett gestellt, damit sie vor Staunässe geschützt sind. Sie werden mit einer Stroh- oder Vliesmatte eingehüllt oder mit Laub und losem Stroh eingepackt, um sie vor starker Kälte zu schützen.

Die Weinrebe wird mit einem Haupttast hochgezogen, von dem die Seitentriebe auf zwei Augen zurückgeschnitten werden. Oberhalb des zweiten Auges lässt man 2 cm mehr stehen, um eine Austrocknung der Knospen zu verhindern. Dies muss spätestens im Februar erfolgen, da die Pflanze sonst zu sehr blutet. Im Frühsommer werden die fruchttragenden Triebe nochmals bis auf vier Blätter oberhalb des letzten Fruchtansatzes gekürzt, um die Fruchtbildung zu fördern.

Durch üppig bepflanzte, sehr kleine Vorgärten in einer Reihenhaussiedlung entsteht das Bild einer größeren Fläche.

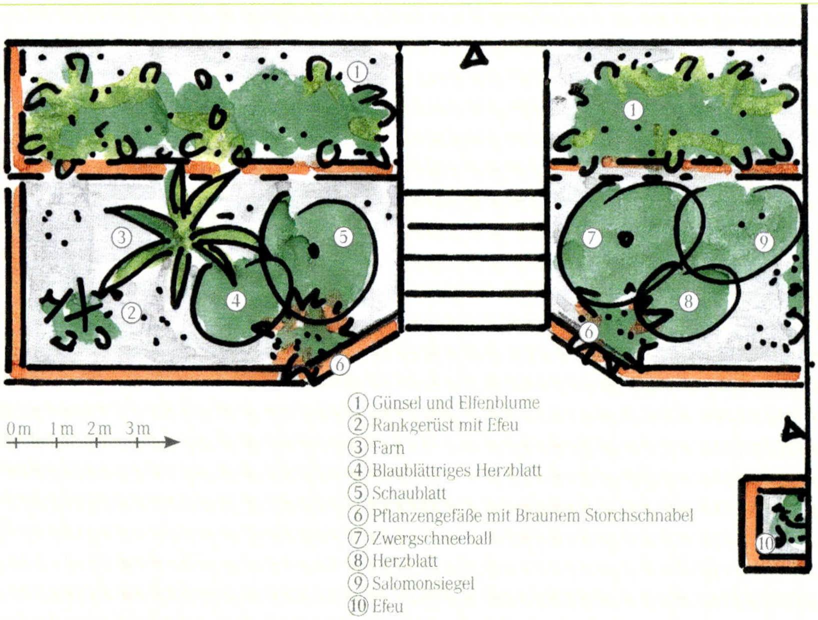

Gundriss: Ein schöner Empfang

Zwiebelgewächse ziehen ihre Blätter nach der Blüte wieder ein und machen später blühenden Pflanzen Platz.

Ein schöner Empfang – Sehr kleiner Vorgarten in schattiger Lage

Der kleine Vorplatz des Hauses wird von den Stufen, die zur Haustür führen, bestimmt. Links und rechts davon entstehen dadurch ungenutzte Ecken, die nicht einfach zugepflastert werden sollten. Die Stufen mit dem Podest vor der Tür allein würden ein Geländer als Fallschutz vorschreiben, die Ecken als Beete auf Straßenniveau wären sehr versteckt und schattig.

Darum wurden die Beete terrassenförmig angelegt. Die hintere Terrasse liegt knapp unter Podesthöhe, die vordere ungefähr auf der Höhe der untersten Stufe. So kann man seitlich nicht vom Podest stürzen und die Bepflanzung bekommt auf der Erhöhung genügend Licht.

Die obere Terrasse ist flächig mit Bodendeckern bewachsen. Direkt am Haus schließt eine Drainageschicht mit Schotter oder Kies an. Die vorderen Pflanzbecken sind mit jeweils drei größeren Stauden bepflanzt, die die Stufen umrahmen. Sie wirken vor allem durch Wuchsform und unterschiedliche Blattfarben und -strukturen. Die restliche Fläche hat eine Mulchschicht aus Kies erhalten. Diese ist pflegeleicht und sorgt dafür, dass der Gesamteindruck nicht zu

Tritt ein – ein schöner Empfang

Dem Eingangsbereich kommt eine besondere Bedeutung zu, weil

- ein hübscher Vorplatz das Haus aufwertet,
- eine schöne Gestaltung wie ein Willkommensgruß ist,
- man ihn unterschiedlich dekorieren kann,
- man sich vor allem nach dem Winter über die ersten Frühjahrsblüher vor dem Haus freut,
- auch schmale Grünflächen entlang des Hauses das Straßenbild aufwerten.

Die bewusst durch die Bepflanzung betonte Treppe lädt zum Emporschreiten ein.

unruhig wird. In den Becken haben außerdem noch Frühjahrsblüher wie Primeln und Traubenhyazinthen oder auch kleinere Tulpen und Narzissen Platz.
Da man sich zu dieser Jahreszeit kaum im Garten aufhält und die Blumen dort nicht beachten würde, hat man viel mehr von ihnen, wenn sie vor dem Haus blühen. Sie wachsen in der Natur unter Bäumen und Sträuchern (vor deren Laubaustrieb) und sind schattenverträglich.
Die Terrassenstufen werden mit Betonsteinen oder Klinkern aufgebaut und wie größere Pflanztröge befüllt. Auf ein Drainagematerial wird ein lockeres Erde-Sand-Gemisch mit Kompost gefüllt.
Als besonderer Blickfang stehen links und rechts vor den Stufen zwei hohe Steinvasen mit Polsterpflanzen. Neben dem seitlichen Durchgang ist eine Pflanzinsel für Efeu vorgesehen, der an der Wand weit hinaufklettern kann.

Wann blüht was?

Der Günsel blüht ab April und die Elfenblume ab Mai, ebenso Zwergschneeball, Salomonsiegel und Brauner Storchschnabel.
Das Herzblatt erhebt seine Blütenstände von Juli bis August über seine Blätter. In dem kleinen Schattengarten sind die unterschiedlichen Blattfarben und -strukturen wieder besonders wichtig.

Pflege übers Jahr

Pflanzen leiden mehr unter Trockenheit als unter Lichtmangel, wenn sie an einer Hausmauer und unter einem Dachvorsprung wachsen sollen. Wenn ihnen der Regen von oben fehlt, brauchen sie auf jeden Fall ausreichend Wassergaben.
Der Standort gleicht den Bedingungen in einem Pflanzgefäß, das heißt, dass der Pflegeaufwand einer kleinen Fläche zwar nicht hoch ist, aber es muss kontinuierlich und regelmäßig nach den Pflanzen geschaut werden, um ein ansprechendes Bild zu erhalten. Außer Gießen ist eine organische Langzeitdüngung wichtig.

Kniffelige Garten-situationen

Häuser ohne Vorgärten?

Auch bei Gärten, bei denen sich aufgrund der Lage des Hauses auf dem Grundstück kein Vorgarten ergibt, sind die Vorgartenelemente Gartenzaun und Gartentor, Zugangsweg und Zufahrt, Haustür und Carport vorhanden. Wenn lange Verbindungswege gegeben sind, brauchen sie sogar besonders viel Platz. Gerade in diesen Gärten ist genau zu überlegen, welche Teile des Gartens einen Sichtschutz benötigen und wo es vielleicht nicht notwendig ist, sich vor Blicken von außen abzuschirmen.

Wer möchte, dass der gesamte Garten nicht einsehbar ist, kann einen geschmackvollen blickdichten lebenden Zaun errichten, den man auch von der Straßenseite aus abwechslungsreich gestalten kann.

Geht man direkt durch den Garten zum Haus, kann eine einladende Sitzecke willkommen heißen.

Soll ein langer Zugangsweg bereits als Gartenraum erlebbar sein, bereichern beispielsweise Sitzplätze, Nischen und Blickfänge den Weg. Werden lange Autozufahrten bis zum Haus eingeplant, muss man sich überlegen, ob es wert ist, so viel Gartenfläche dafür zu opfern. Denn es ist nicht nur die Fläche für die Zufahrt, die man dafür rechnen muss, sondern auch die Fläche für eine Abtrennung zum restlichen Garten, der dadurch möglicherweise eher lang und schmal wird und schwieriger in Räume zu gliedern ist.

Jeder gelangt sofort bis zur Haustür, der Eingangsbereich ist stärker frequentiert und „öffentlicher" als z. B. die Terrasse. Eine besondere Gestaltung dieser „Vorgartensituation" kann hier vonnöten sein, eventuell auch ein Sichtschutz zu anderen Gartenbereichen.

Die Gartenfront an der Straße entlang sollte aus der Sicht der Vorübergehenden betrachtet werden können. Hier beleben blühende Sträucher oder Blumen zwischen Hecken und Zaun lange Wegstrecken. Sie können auch auf der Straßenseite vor den Zäunen stehen.

Staudenklassiker – kein typischer Vorgarten

In diesem Garten wird der Sichtschutz sehr genau geplant. Die Straße führt die gesamte Längsseite entlang, das Haus steht zurückversetzt im Garten, der komplett einsehbar ist. Ein eindeutiger Vorgartenbereich ist nicht gegeben. Ohne Abschirmung würde auf der südseitig vorgezogenen Terrasse in der Mitte des Gartens keine geborgene Atmosphäre entstehen.

Der Gartenteil vor dem Haus lässt sich sehr gut offen gestalten. Der Blick zum Haus, der Blumenschmuck und auch die Küchenkräuter in der Mitte der Blumenbeete sind sehenswert. Ein mit Wein berankter Zaun grenzt zur Straße hin ab, ohne dass dabei ein kompletter Sichtschutz entsteht. Die Wohnterrasse und der gesamte Wohngarten mit Spielbereich werden mit Sträuchern und Hecken, die in der Mitte des Gartens beginnen und den Zaun entlang weitergeführt werden, vor neugierigen Blicken geschützt. Dadurch entstehen zugleich mehrere „Räume", die den Garten gliedern. Sie lassen ihn insgesamt größer erscheinen, da er nicht von vornherein bis in das hinterste Eck einsehbar ist. Die Blühhecke, die den Vorgarten vom Wohnbereich abtrennt, ist in der Mitte so versetzt, dass dazwischen ein Durchgang entsteht, eine Einsicht von der Straße jedoch nicht möglich ist. Die Auswahl dieser Sträucher ist bunt gemischt mit Weißdorn, Flieder, Kornelkirsche (Dirndl) und Quitte sowie Sommerflieder, Duftjasmin und Weigelie. Der Pflanzbogen am Haus ist mit einer Clematis berankt. Ihre Wurzeln vertragen nicht zu viel Hitze und haben unter der Weigelie einen beschatteten Wurzelraum. Zur Straße hin schließt eine Hainbuchen-Schnitthecke an die Blühhecke an. Im Winter sind die Hecken nur ein lockerer Sichtschutz, um diese Jahreszeit hält man sich kaum im Garten auf. Die Hainbuche behält ihr trockenes braunes Laub auf ihren knorrigen Ästen und ver-

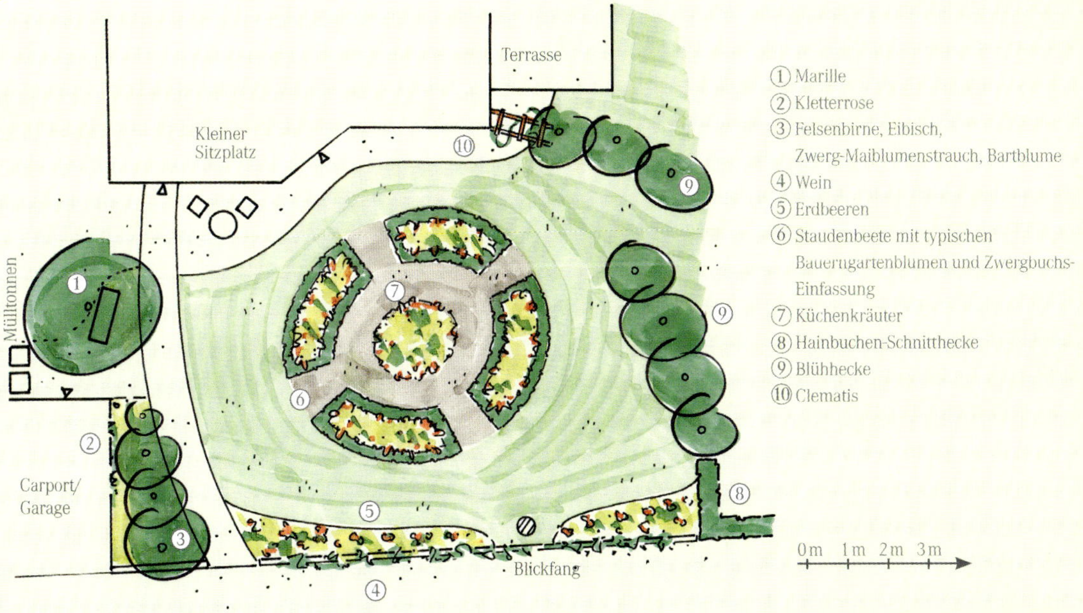

Grundriss: Staudenklassiker

liert es erst im Frühjahr mit dem frischen hellgrünen Austrieb. Damit zeigt sie den Jahreszeitenwandel auch ohne Blüten und Früchte sehr schön.

Die Garage befindet sich in der äußersten Ecke des Grundstücks, das Gartentor ist etwas abgesetzt davon gegenüber der Vorderfront des Hauses. Der Bereich dazwischen wird für eine großzügige Blumenanlage genützt. Sie wurde im Stil eines Kloster- oder Bauerngartens mit einer niedrigen Einfassung aus Zwergbuchs angelegt.

In der Mitte dieser Anlage werden je nach Wunsch und Bedarf der Bewohner Kräuter angebaut. Hier könnte man auch eine Kräuterspirale oder ein erhöhtes Kräuterbeet aufbauen. Das Zentrum der geometrischen Grundform lässt Spielraum für viele Ideen. Wichtig ist die Einhaltung der Grundform und die Beachtung der Wegachsen. Sie sollten Querverbindungen und Sichtachsen herstellen und nicht alle ohne „Ziel“ enden. In diesem Garten verbinden sie den Eingangsbereich mit dem Durchgang zur Terrasse beziehungsweise die Küche mit den Kräutern im Zentrum und dem Wein- sowie dem Erdbeerbeet.

Formal und üppig

Die streng formale Grundform der Beete ist üppig bepflanzt mit einer bunten Mischung aus typischen Bauerngartenpflanzen. Sie werden von der grünen Zwergbuchseinfassung im Zaum gehalten. Die kleinen dichten Blätter des Buchsbaums bilden einen gleichmäßig dunkelgrünen Rahmen, der mit seinem ruhigen Erscheinungsbild einen Kontrast zum bunten Durcheinander der Blumen bietet.

Die Wege innerhalb des Ovals werden mit Häckselgut oder Kies bestreut. Außerhalb werden die Wege nicht weitergeführt, um die verbleibende Wiesenfläche nicht zu sehr zu zerstückeln. An stark frequentierten Wegen, wie von der Küche zu den Kräutern, werden Trittsteine aufgelegt, um die Kräuter bei jedem Wetter trockenen Fußes zu erreichen.

Die Beete sind bunt bepflanzt mit höheren Blütenstauden. Sie werden durchschnittlich 80 cm hoch. Die Zusammensetzung der Blütenstauden können Sie nach Belieben variieren. Es soll dort wachsen, was sich im nährstoffreichen Boden wohlfühlt, oft ist es

Die Weinreben werden an Drähten den Zaun entlang gezogen. Neben dem optischen Effekt gibt es hier außerdem noch was zu ernten.

von Nachbarn und Freunden zusammengetragen und hat sich schon lange bewährt. Der eigentliche Zugangsweg zum Haus verläuft seitlich und passt sich mit einer leichten Biegung der Form des ovalen Blumengartens an. Dadurch entsteht ein kurzer Pflanzstreifen zwischen Weg und Garage, der die Garage abdeckt und den Blick Richtung Mittelpunkt des Blumengartens lenkt. An der breiteren Stelle steht eine Felsenbirne und ein Eibisch, an der schmäleren ein Zwerg-Maiblumenstrauch und eine Bartblume, dahinter wächst eine Clematis an der Garagenwand hoch. An der Rückseite der Garage ist ein überdachter Bereich für die Mülltonnen vorgesehen, eine seitliche Tür führt zum Eingangsweg. Da das Haus weit von der Straße zurückversetzt gebaut wurde und die Garage direkt an der Straße steht, ist dazwischen noch Platz für einen kleinen Baum. In wärmeren Klimagebieten könnte sich in dem geschützten Bereich ein Marillenbaum wohlfühlen, auch ein Zwetschgenbaum oder eine Blutpflaume würden von der Größe her gut passen.

Ein romantisch mit einer Kletterhortensie bewachsener Eingangsbereich macht neugierig auf das Dahinter.

Bepflanzungsvorschläge für Bauerngartenbeete

Beet 1
Flammenblume, Pechnelke, Storchschnabel, Iris, Roter Sonnenhut und Taglilie

Beet 2
Goldlack, Riesenmohn, Schafgarbe, Feuerlilie, Rittersporn und Gelber Sonnenhut

Beet 3
Kokardenblume, Akelei, Mädchenauge, Marienglockenblume, Eisenhut und Indianernessel

Beet 4
Bartnelke, Ziersalbei, Margerite, Dahlie, Fuchsschwanz und Herbstaster

Stauden für jeden Bereich

Mit einer Anlage aus eingefassten Beeten kann man sich den Charme eines Bauerngartens vor die eigene Haustür holen, denn

- diese Pflanzen werden schon lange Zeit bei uns kultiviert und sind besonders robust und an unser Klima angepasst,
- sie sind beliebt, weil sie üppig blühen und duften,
- sie bieten auch unserer Insektenwelt Nahrung,
- die Kombination der streng geometrischen Anlage eines Bauerngartens mit üppigen Blumen ist besonders reizvoll,
- traditionelle mehrjährige Stauden oder Sommerblumen mit Selbstaussaat sparen den jährlichen Neukauf von oft überdüngten und überzüchteten Topfpflanzen.

Der Eingangsbereich in den Garten ist untergliedert und als Blickfang gestaltet.

Wann blüht was?

An der Garage blüht die Felsenbirne im April, im Anschluss daran der Maiblumenstrauch, Schmetterlingsflieder und Eibisch im Hochsommer und die Kletterrose von Juni bis zum Herbst.
Die Bauerngarten-Blumen Goldlack, Margerite, Akelei, Storchschnabel, Glockenblume, Ziersalbei, Bartnelke, Taglilie, Rittersporn, Flammenblume, Sonnenhut, Dahlie, Herbstaster und viele mehr blühen über die ganze Saison verteilt.
Das Frühjahr beginnt mit Krokus, Tulpe und Narzisse, Primel und Buschwindröschen, und im Winter erfreut die Schneerose mit ihrer Blüte. Die Blühsträucher beginnen früh mit Kornelkirsche ab Februar, Flieder, Weigelie und Quitte im Mai, Duftjasmin im Juni und Schmetterlingsflieder im Juli.

Pflege übers Jahr

Gehölze Die Einfassung aus Zwergbuchs wird im August wieder in Form geschnitten. Die Blühsträucher können frei wachsen. Nach einigen Jahren werden sie verjüngt, das heißt stark zurückgeschnitten. Die Hainbuchenhecke entlang des Zaunes wird regelmäßig zweimal im Jahr geschnitten, denn sie wächst sehr stark. Die besten Zeiten für den Schnitt sind Mitte Juni und August.

Stauden Die verblühten Stauden können im Herbst abgeschnitten werden. Im naturnahen Garten lässt man aber die meisten bis zum nächsten Frühjahr stehen und kompostiert sie dann. Sie bieten so vielen Nützlingen noch Nahrung und Unterschlupf.
Erdbeeren lieben viel Kompost und gut verrottetes Laub, Holzasche liefert ihnen ausreichend Kali. Rund um die Erdbeerpflanzen wird mit Stroh oder Heu gemulcht. Damit

Die Klinkereinfassung unterstreicht den Bauerngartenstil.

bleibt der Boden feucht und die Früchte liegen auf dem Trockenen und faulen nicht. Knoblauch und andere Lauchgewächse zwischen Erdbeeren und Wein halten Schädlinge von ihnen fern.

Das Häckselmaterial auf den Wegen verrottet und wird bei Bedarf wieder erneuert. Auch Kies vermischt sich mit der Zeit mit Laub und Erde und kann hin und wieder erneuert werden. Für die Kiesvariante ist eine Einfassung der Beete mit Klinkersteinen passend. Sie grenzen den Kies von der Erde in den Beeten ab. Besonders hübsch sehen sie schräg versetzt aus.

Ein besonderer Weg - kein typischer Vorgarten

Auf dem schmalen Grundstück steht das Haus weit von der Straße zurückversetzt, um den Garten südseitig davon zu erhalten. Die seitliche Eingangstür liegt noch weiter zurück, damit die Südseite des Hauses für Wohnbereich und Terrasse frei bleibt. Damit ergibt sich ein langer Zugangsweg zum Haus. Nur die Garage liegt direkt an der Straße. Um sich die lange Einfahrt zu sparen, wurde darauf verzichtet, mit dem Auto bis zur Eingangstür zu fahren. Die so gewonnene Fläche wurde für die Gestaltung des Zugangsweges sowie für ein Feuchtbiotop hinter der Garage genutzt.

Der Zugangsweg führt vom Gartentor durch eine Pergola entlang der Garage. In Folge biegt sich der Weg leicht und ist links und rechts mit Blütenstauden eingefasst. Vor der Terrasse führt er um einen Kräuterhügel herum, dessen Bewuchs mit Küchenkräutern in die Wegrandbepflanzung übergeht. Im Feuchtbiotop gegenüber des Weges sind jene Kräuter untergebracht, die einen feuchten Standort bevorzugen. Der Weg führt weiter entlang der Terrasse und des Hauses, vor dem ebenfalls ein Staudenbeet angelegt wurdc. Am Zaun entlang wurden Beerensträucher als Sichtschutz gepflanzt.

Da der gesamte Garten von der Straße aus ohne Sichtschutz voll einsehbar war, wurde ein geschlossener Holzlattenzaun errichtet. Damit die Vorderfront nicht zu gleichförmig erscheint, wurde der Zaun in drei Teile geteilt, die versetzt zueinander stehen. So entstand auf der Straßenseite in der Mitte der Vorderfront ein schmaler Pflanzstreifen, auf dem Lavendel gut zur Geltung kommt. Auf der Gartenseite ergeben sich zwei seitliche Nischen, die sich gut als Einrahmung der vorgesetzten Beete eignen. Zwischen den versetzten Elementen wurden Querverstrebungen angebracht, damit kein Durchschlupf übrig bleibt.

(1) Lavendel
(2) Kleine Ziersträucher und Stauden
(3) Blauregen
(4) Blütenstauden
(5) Kräuterspirale
(6) Feuchtbiotop
(7) Beerensträucher
(8) Blütenstauden
(9) Blutpflaume
(10) Blütenstauden

Grundriss: Ein besonderer Weg

So harmonisch kann ein blickdichter Zaun arrangiert und bepflanzt werden.

Durchschreiten erlaubt

Das Gartentor mit Pergola verbindet den Holzzaun mit der Garage. Die Pergola führt entlang der Garage und wird von einem Blauregen, der sich auf der Länge der Garage gut ausbreiten kann, umschlungen. Der Weg ist mit unterschiedlich großen, rechteckigen Platten verlegt, die leicht versetzt dem Bogen um die Kräuterspirale und die Terrasse folgen.

Der unregelmäßige Rand, der dadurch entsteht, soll sich absichtlich mit den umgebenden Blumen und Kräutern verbinden. Er musste deshalb entsprechend breit und mit großen Steinplatten gestaltet werden, um ihn nicht unter übergreifendem Bewuchs verschwinden zu lassen. Die Blumen und Kräuter wiederum wurden zur angrenzenden Wiese hin nicht extra eingefasst. Die Pflanzstreifen grenzt man mit dem Spaten sauber von der Wiese ab; bei Bedarf wird nachgestochen.

Als Blumen wurden wieder altbewährte und beliebte Bauerngartenpflanzen wie Flammenblume, Margerite, Ziersalbei und Lilien gewählt. In den Beeten direkt am Zaun passen auch schattenverträgliche Kleinsträucher wie Ranunkelstrauch, Zwergschneeball und Mahonie. Die Kräuterspirale bildet mit ihrem reichen Angebot an Heil- und Küchenkräutern einen blühenden und duftenden Mittelpunkt im Garten. Sie besteht aus einem Kern aus steinigem Material (auch sauberer Bauschutt), auf dem große Steine (spiralig oder auch anders) aufgelegt und mit verschiedenen Substraten befüllt wurden. Der obere und trockene Bereich mit einem mageren, durchlässigen Substrat ist ideal für Thymian, Majoran,

Sumpfbeet

Das Feuchtbiotop wurde als Sumpfbeet angelegt: Eine mindestens 50 cm tiefe Grube wird mit einer Teichfolie ausgelegt und mit Mutterboden und magerem Kompost befüllt.

Dann lässt man Wasser ein und bepflanzt beispielsweise mit Blut-Weiderich, Gold-Felberich, Wasserdost und Garten-Schwertlilie sowie Seggen-Arten. Der Randbereich zum Weg wird für feuchtigkeitsliebende Küchenkräuter genutzt.

Günstig ist es, das Sumpfbeet mit dem Regenrinnenanschluss zu verbinden.

Der lange Zugangsweg zum Haus wird durch die Pergola optisch verkürzt.

Lavendel, Bohnenkraut, Salbei und Currykraut. Im unteren, nährstoffreicheren Teil wachsen Melisse und Zitronenmelisse, Oregano, Ysop und Pimpinelle.

Am Rande des Feuchtbiotops gegenüber des Weges gedeihen Petersilie, Kerbel und Schnittlauch, Schnittknoblauch und Sauerampfer. Sie brauchen einen feuchten, humus- und nährstoffreichen Standort. Brunnenkresse und Wasserminze stehen direkt im Wasser, sie können extra in einem kleinen Becken gezogen werden.

Die Beete zu beiden Seiten des Hauseingangs sind mit Stauden bepflanzt, die nicht den ganzen Tag Sonne brauchen. Sie sind mit Akelei, Tränendem Herz, Storchschnabel, Nelkenwurz, Purpurglöckchen, Stiefmütterchen und Gedenkemein bestückt. Mehrere Pflanzen von einer Sorte nebeneinander bringen diese mehr zur Geltung und schaffen ein ruhigeres Bild.

Im Herbst zaubert der Wilde Wein Farbe an triste Mauern.

Langer Weg zum Haus

Auf einem langen Zugangsweg kann mit gestalterischen Mitteln viel erreicht werden, um

- die Länge optisch kürzer wirken zu lassen,
- ihn so in die Gartenbereiche einzugliedern, dass nicht zu viel Gartenfläche verloren geht,
- den Zugang bequem und sicher, aber auch nicht zu breit und dominant im Garten anzulegen,
- um einerseits Sichtverbindungen zu schaffen und andererseits Sichtschutz zu gewähren.

Wann blüht was?

Blauregen ist im Mai mit Trauben schönster blauer Blüten übersät, im Sommer kann er noch eine Nachblüte haben. Die Lavendelblüten vor dem Zaun verströmen im Juni ihren Duft. Hinter dem Zaun und entlang des Zugangsweges erfreuen die Beete mit den Blütenstauden, die auch in den Bauerngärten zu finden sind.
Zusätzliche Blüten liefern die Mahonie im April, der Schneeball im Mai und der Ranunkelstrauch ab Juni. Die Kräuter zwischen der Steinspirale haben ihren Blüten-Höhepunkt im Hochsommer. Das Feuchtbiotop wirkt besonders im Frühsommer, wenn nacheinander Schwertlilie, Goldfelberich, Blutweiderich und Wasserdost zu blühen beginnen. Die Blutpflaume ist mit ihren roten Blättern die ganze Saison über attraktiv, im April zeigt sie noch ein beeindruckendes rosa Blütenkleid.

Pflege rund ums Jahr

Gehölze Der Blauregen ist sehr wüchsig und verträgt ordentliche Düngegaben mit Kompost. Neue Triebe können im Sommer auf 15–20 cm zurückgeschnitten werden. Im Winter werden sie nochmals auf 2–3 Augen eingekürzt. Daraus treiben sie im nächsten Frühjahr ihre neuen Blüten.
Stauden Die abgeblühten Stauden werden im Frühjahr zurückgeschnitten. Besonders im Feuchtbiotop vermehren sich manche Pflanzen stärker als andere. Wenn sie zu viel Raum einnehmen, sticht man sie aus und teilt die Pflanzen.
Wiese Für die Abgrenzung der Wiese zu den Staudenbeeten hin reicht es, die Wiese mit dem Spaten sauber abzustechen. Das Gras wächst mit der Zeit wieder in die Beete, doch ein jährliches Abstechen hält es im Zaum und ist sicher nicht mehr Arbeit, als herausstehende Einfassungen freizuhalten.

Grünflächen vor dem Garten

Straßenzüge mit bunten Vorgärten, Blumenfenstern, Alleen mit Wiesenstreifen und Blumeninseln sind abwechslungsreich und lebendig. Die Menschen, die hier wohnen, zeigen, dass sie sich in ihrer Straße wohlfühlen und etwas zu einem schönen Erscheinungsbild beitragen wollen. Die einzelnen Elemente des Gesamtbildes werden dabei nur unbewusst wahrgenommen. Man denkt nicht: In dieser Gasse gibt es vier Bäume, zwei Vorgärten und drei Blumenkisten. Aber in der Gasse mit den schönen Beeten und der Allee geht man gern spazieren und erinnert sich daran, dass der Flieder vielleicht schon blühen könnte.
Die Grenzen zwischen privatem und öffentlichem Grün sind nicht immer deutlich. So gehört das schmale Beet entlang des Zaunes außerhalb eines eingezäunten Privatbereiches dennoch zu dem Garten dazu. Oder der kleine Blumenstreifen vor dem Haus wird von den Bewohnern gepflegt, liegt jedoch bereits auf öffentlichem Grund.

Wenig passend für die Baumscheibenbepflanzung sind Kriechwacholder und Nadelgehölze, die aus Gärten ausrangiert wurden.

Gepflegte Grünflächen vor dem Haus bereichern das gesamte Straßenbild.

Die Grünflächen neben dem Gehsteig oder die Blumeninseln auf der Straße gehören zum öffentlichen Grün, werden jedoch häufig von Anwohnern betreut. In vielen Gemeinden ist es üblich, dass die Grünflächen direkt am Gartenzaun von den jeweiligen Gartenbesitzern mitgepflegt werden. Für die Anrainer ist der Aufwand gering, viel mehr zählt die Möglichkeit, auch die Außenanlagen nach eigenen Vorstellungen gestalten zu können.

Wird ein Alleebaum mit einer kleinen Wiese umrahmt, sieht das gleich sehr freundlich aus. Manchmal kommen von den Bewohnern in der Straße Tulpen, Narzissen, Sommerblumen und Sträucher dazu.

Für das Straßenbild beziehungsweise für den Betrachter ist vor allem wichtig, ob diese Bepflanzung zum Ort und zur Umgebung passen. Dazu müssen sie weder perfekt noch besonders aufwendig angelegt sein. Blumenkistchen an jeder Ecke und an Brückengeländern sind sicher etwas Besonderes, verlangen aber von den Anrainern großes Engagement an regelmäßiger Gieß-, Zupf- und Düngearbeit. Die Pflanzenwahl dafür ist nicht immer einfallsreich, sie wird jedes Frühjahr frisch gekauft und im Herbst wieder entsorgt. Im Außenraum sind Pflanzen, die sich frei entwickeln, oft passender. Einfache Wiesen, Schotterrasen mit einzelnen Stauden und robuste Blühsträucher sind wesentlich anspruchsloser und brauchen nicht jährlich neu gesetzt zu werden.

Ein so gestalteter Parkplatz ist eine wirkliche Bereicherung.

Üppige Bepflanzung außerhalb des Zaunes ist mit verschiedenen Blühsträuchern und Stauden durchaus möglich.

Natürliche Schönheiten

Auch ganz improvisierte Gestaltungen oder spontaner Bewuchs haben ihren eigenen Charme. Eine Königskerze, die aus einer Ritze wächst, eine Akelei vor der Mauer im Zaun oder die blühende Schafgarbe in der Wiese müssen nicht gleich der Ordnungsliebe zum Opfer fallen und weggeschnitten werden. Sie suchen sich ihren Lebensraum selbst und blühen unbeirrt. Und doch werden sie so wenig geschätzt, während gekaufte Blumen gehegt werden und trotzdem nicht recht wachsen, weil sie für diese Standorte nicht gut geeignet sind.

Ist genügend Platz vorhanden, eignen sich vor allem pflegeleichte Sträucher für eine Bepflanzung von öffentlichen Plätzen und Wegen. Einzelne Sträucher machen sich auch vor dem Gartenzaun in der Wiese gut. Kleine Wiesenflächen im öffentlichen Raum brauchen keine großartigen Einfassungen, vor allem nicht in ländlichen Gegenden, und müssen schon gar nicht mit Cotoneaster oder Berberitze bepflanzt oder gleich komplett versiegelt werden.

Mauerbegrünungen sind ebenfalls eine wesentliche Bereicherung im öffentlichen Raum. Kletterpflanzen brauchen wenig Platz am Boden und bringen viel Grün an die Wände. Efeu oder Wilder Wein wachsen

Bergenien sind pflegeleicht und auch ohne Blüte überaus attraktiv.

problemlos und bedecken große Flächen. Eine vertikale Begrünung ist schon von Weitem zu sehen, grüne Räume entstehen somit auch ohne Bäume und Sträucher.

Niveauunterschiede abfangen

Oft gibt es Niveauunterschiede zwischen Gärten und Straße. Die Böschungen, die sich dadurch ergeben, sind schwer zu nutzen. Eine Wiese darauf lässt sich schlecht mähen und Kies oder Steine rutschen ab. Eine flächige Begrünung mit einer einzigen Pflanzenart kommt auf einer schmalen Böschung gut zur Geltung und benötigt nur geringsten Pflegeaufwand. Eine durchgehende Bedeckung mit den Blättern der Bergenie sieht beispielsweise das ganze Jahr über gut aus. Zusätzlich zum Blattschmuck zeigt die Bergenie von März bis Juni ihre meist rosa Blütenstände. Sie eignet sich für sonnige, vor allem aber auch für schattige Standorte.

Ein ebenfalls genügsamer, schattenverträglicher und immergrüner Bodendecker ist Efeu. Bei Bedarf klettert er an Mauern oder Maschendrahtzäunen weiter und ist sehr wüchsig – deshalb muss er aber auch regelmäßig in seine Schranken verwiesen werden, sonst wächst er zu weit über den Weg. Auf sonnigen Böschungen breitet sich der Ziest flächenfüllend aus. Mit seinen pelzig silbrigen Blättern ist er ein interessanter Kontrast zu grünen Hecken. Er ist sehr anspruchslos und bildet im Sommer Blütenähren mit kleinen purpurfarbenen Blüten aus.

Mulchen

Auf ebenen Pflanzflächen an der Straße ist eine Mulchschicht sinnvoll, um die Erde zu schützen und die Austrocknung zu verringern. Der Pflegeaufwand an Gießen und Jäten wird damit reduziert. Eine mineralische Mulchschicht aus Kies oder Ziegelsplitt wirkt sehr dekorativ und bleibt im Gegensatz zu organischem Material lange Zeit erhalten. Im Schatten wachsen darin Farne, Frauenmantel, Akelei, Storchschnabel, Wiesenraute und Herbstanemone. In der Sonne gedeihen z. B. Fetthenne, Wolfsmilch, Ziersalbei, Mutterkraut, Katzenminze und Heiligenkraut.

WICHTIG ZU WISSEN

Wenn mit organischem Material wie Rinde und Häckselgut gemulcht wird, sollte zusätzlich mit einem stickstoffreichen Dünger wie Hornspäne oder Hornmehl gedüngt werden, da dieses Mulchmaterial sehr gerbstoffreich ist und zum Verrotten selbst Stickstoff braucht, den es dem Boden und damit auch den gesetzten Pflanzen entzieht.

Die wichtigsten Pflanzen für den Vorgarten im Überblick

Für Vorgärten eignen sich ganz verschiedene Pflanzen. Wichtig ist vor allem, dass die Proportionen stimmen, das heißt nicht zu große Gewächse in kleinen Gärten stehen und dass andererseits zu kleine Pflanzen in großen Vorgärten kaum auffallen. Daneben spielen der Stil des Hauses und natürlich die eigenen Vorlieben eine große Rolle. Außerdem muss man sich immer die Frage stellen: Wie viel Zeit habe ich, oder möchte ich für die Pflege und Instandhaltung des Vorgartens einplanen?
Auf den folgenden Seiten können Sie aus den umfangreichen Tabellen Pflanzen auswählen, die dem Stil, der Größe und den Bedingungen Ihres Vorgartens entsprechen.

IMMER MIT DER RUHE

Aller Anfang ist die Information! Nehmen Sie sich Zeit für die Auswahl der Pflanzen und informieren Sie sich gegebenenfalls auch in einer nahe gelegenen Gärtnerei, ob die Arten und Sorten, die Sie ausgesucht haben, auch in Ihren Vorgarten passen. Manche Gärtner kommen auf Anfrage sogar vor Ort, um sich die Gartensituation anzuschauen, bevor sie Empfehlungen abgeben. Fragen Sie doch einfach nach.

Ziergräser

Botanischer Name	Deutscher Name	Höhe (cm)	Blühzeit	Bodenansprüche	Lichtansprüche
Carex grayi	Morgenstern-Segge	50	Mai - Juli	Frisch bis nass	Sonne bis Halbschatten
Deschampsia cespitosa	Rasen-Schmiele	100	Juni - September	Frisch bis feucht	Sonne bis Halbschatten
Festuca gautieri	Bärenfellgras	25	Juni - Juli	Frisch bis trocken	Sonne bis Halbschatten
Festuca glauca	Blau-Schwingel	25	Mai - Juni	Trocken	-
Pennisetum alopecuroides	Lampenputzergras	80	September - November	Trocken	Sonne bis Halbschatten
P. alopecuroides 'Little Bunny'	Zwerg-Lampen-putzergras	40	August - Oktober	Trocken	-
Sesleria autumnalis	Herbst-Blaugras	50	August - Oktober	Frisch bis trocken	Sonne bis Halbschatten
Stipa capillata	Haar-Federgras	80	Juli - August	Trocken	Sonne bis Halbschatten
Stipa gigantea	Riesen-Federgras	150	-	Trocken	-

Kletterpflanzen

Botanischer Name	Deutscher Name	Wuchslänge (m)	Blütenfarbe	Blühzeit	Bodenansprüche	Lichtansprüche	Sonstiges
Campsis radicans	Trompetenblume	6	Gelb, orangerot	Juli - August	Nährstoffreich, feucht	Sonne	Selbstklimmer mit Rankhilfe
Clematis montana rubens	Bergwaldrebe	4	Rosa	Mai -Juni	Nährstoffreich	Sonne, Wurzeln im Schatten	Kletterpflanze, Rankhilfe
Hedera helix	Efeu	20-25	-	August - Oktober	-	Halbschatten bis Schatten	immergrüner Selbstklimmer
Hydrangea anomala petiolaris	Kletterhortensie	7	Weiß	Juni - Juli	-	Halbschatten bis Schatten	Selbstklimmer (anfangs Rankhilfe)
Lonicera caprifolium	Wohlriechendes Geißblatt	5	Weiß	Juni - Juli	Frisch bis feucht	Halbschatten bis Schatten	Schlinger
Lonicera x tellmanniana	Schlingendes Geißblatt		Gelb	Juli - August	-	-	Schlinger
Parthenocissus tricuspidata 'Veitschii'	-	15-20	-	Juli - August	-	Sonne bis Halbschatten	Selbstklimmer (anfangs Rankhilfe)
Parthenocissus tricuspidata 'Engelmannii'	-	7	-	Juli - August	-	Sonne bis Halbschatten	Schlinger
Rosa sp.	Kletterrosen	2-4	-	Öfterblühend	Nährstoffreich	Sonne	Kletterpflanze, Rankhilfe
Wisteria sinensis	Chinesischer Blauregen	25	Blau	Mai	Nährstoffreich	Sonne, Wurzeln im Schatten	Schlinger

Frühjahrsblüher

Botanischer Name	Deutscher Name	Höhe (cm)	Blütenfarbe	Blühzeit
Anemone nemorosa	Buschwindröschen	15	Weiß	März - Mai
Anemone ranunculoides	Gelbes Buschwindröschen	15	Gelb	März - Mai
Crocus sp.	Krokus	10	Weiß, gelb, lila	Februar - April
Galanthus nivalis	Schneeglöckchen	10	Weiß	Jänner - März
Hepatica nobilis	Leberblümchen	15	Lila	März - Mai
Leucojum vernum	Frühlingsknotenblume	20	Weiß	Februar - April
Muscari neglectum	Traubenhyazinthe	20	Dunkelblau	April - Mai
Narcissus-Arten	Narzisse	10-40	Weiß, gelb	März - April
Primula veris	Echte Schlüsselblume	20	Gelb	April - Juni
Tulipa-Arten	Tulpe	10-70	Bunt	März - Mai
Viola odorata	Duftveilchen	10	Violett	März - April

Blütenstauden für frische, feuchte Standorte

Botanischer Name	Deutscher Name	Höhe (cm)	Blütenfarbe	Blühzeit	Bodenansprüche	Besonderes
Ajuga reptans „Atropurpurea“	Rotblättriger Gartengünsel	15	Violett	April - Mai	Frisch bis feucht	Rotbrauner, wintergrüner Bodendecker
Aruncus dioicus	Wald-Geißbart	60-150	Weiß	Juli - August	Feucht	Sonne bis Schatten
Astilbe x arendsii	Garten-Prachtspiere	60-80	Weiß-rot	Juli - September	Frisch bis feucht	Halbschatten
Bistorta officinalis subsp. *officinalis*	Knöterich	60	Rosa	Juni	Feucht	Bodendecker
Eupatorium cannabinum	Gewöhnlicher Wasserdost	70-150	Rosa	Juli - Septemder	Feucht, nährstoffreich	Sonne bis Halbschatten
Filipendula ulmaria	Spierstaude	100	Weiß	Juni - Juli	Frisch bis feucht	Sonne bis Schatten
Iris sibirica	Garten-Schwertlilie	80	Blau-violett	Mai - Juni	Frisch bis feucht	Sonne bis Halbschatten
Lysimachia punctata	Gold-Felberich	80	Gelb	Juni - August	Frisch bis feucht	Schatten
Lythrum salicaria	Blut-Weiderich	100	Purpurrosa	Juli - August	Frisch bis nass	Sonne bis Halbschatten

Stauden für sonnige, nährstoffreiche Standorte

Botanischer Name	Deutscher Name	Höhe (cm)	Blütenfarbe	Blühzeit	Bodenansprüche	Besonderes
Achillea millefolium	Schafgarbe	30	Weiß	-	Durchlässig	Wildpflanze
Achillea-millefolium-Hybriden	Schafgarbe Gartenformen	50-75	Gelb, rot	Mai - August	-	-
Alcea rosea	Stockrose	100-180	Weiß, gelb, rot	Juli - August	Durchlässig	Zweijährig, Bienenweide
Campanula persicifolia	Glockenbume	80	Blau, weiß	Juni - Juli	Anspruchslos	-
Delphinium culturum	Rittersporn	80-150	Blau	Juni - August	-	-
Echinacea purpurea	Roter Sonnenhut	60-80	Rot	Juni - September	-	-
Gaillardia x grandiflora	Großblumige Kokardenblume	30-50	Rotgelb	Juli - September	Durchlässig, frisch	-
Heliopsis helianthoides	Sonnenauge	120	Goldgelb	Juni - August	Nährstoffreich	-
Hemerocallis lilioasphodelus	Taglilie in Sorten	60-80	Weiß, gelb, rot	Juni - August	Frisch bis feucht	-
Iris-barbata-nana-Hybriden	Zwerg-Schwertlilie	15-40	Bunt	Mai - Juli	Frisch bis trocken	-
Leucanthemum vulgare	Margerite	80	Weiß	Mai - Juni	Eher trocken	-
Monarda didyma	Indianernessel	80	Rot	Juni - September	-	Bienenweide
Oenothera biennis	Nachtkerze	80	Gelb	Juni - September	-	Zweijährig
Paeonia officinalis	Echte Pfingstrose	30-90	Weiß bis rot	Mai - Juni	-	-
Phlox paniculta	Flammenblume	70-100	Weiß bis rot, lila	Juli - August	-	-
Rudbeckia fulgida	Gelber Sonnenhut	50-90	Gelb	Juli - Oktober	-	-
Salvia nemorosa	Steppen-Salbei	50	Dunkelviolett	Juni - Oktober	Anspruchslos	-
Salvia sclarea	Muskateller-Salbei	50-100	Rosa	April - August	Frisch bis trocken	Intensiver Duft
Tanacetum parthenium	Mutterkraut	30-80	Weiß	Juni - August	-	-
Tropaeolum majus	Kapuzinerkresse	bis 3 m lang	Orange	Juni - Oktober	-	-

Stauden für sonnige, magere Standorte

Botanischer Name	Deutscher Name	Höhe (cm)	Blütenfarbe	Blühzeit	Bodenansprüche	Besonderes
Allium caerulaeum	Sibirischer Enzian-Lauch	60	Blau	Mai - Juni	Trocken, durchlässig	Blickfang
Allium flavum	Gelber Lauch	15-30	Gelb	Juni - Juli	Trocken, durchlässig	Selbstaussaat
Anthemis tinctoria	Färber-Hundskamille	60	Gelb	Juli - August	Steinig, lehmig	
Artemisia stelleriana	Silber-Wermut, Silberraute	40	Gelb	Juli - August	Sandig bis lehmig, trocken	Aromatischer Duft
Echium vulgare	Gewöhnlicher Natternkopf	40	Blau	Mai - August	Durchlässig	-
Eremurus himalaicus	Steppenkerze	120	Weiß	Mai - Juni	Sandig, durchlässig	Interessante Wuchsform
Euphorbia polychroma	Gold-Wolfsmilch	40	Goldgelb	Mai - Juli	Anspruchslos	-
Euphorbia myrsinites	Warzen-Wolfsmilch	25	Grüngelb	April - Mai	Anspruchslos	-
Geranium macrorrhizum	Balkan-Storchschnabel	40	Dunkelrosa	Mai - Juni	Anspruchslos	Wüchisg
Hypericum perforatum	Tüpfel-Johanniskraut	50	Gelb	April - Juli	Trocken	Ätherische Öle
Lavandula angustfolia	Lavendel	30	Lilablau	Juni - Juli	Trocken, durchlässig	Aromatischer Duft
Nepeta x faassenii	Blaue Katzenminze	40	Violett	Mai - September	Durchlässig	-
Phlomis russeliana	Brandkraut	100	Gelb	Juni - August	Anspruchslos	Interessante Wuchsform
Santolina chamaecyparissus	Graues Heiligenkraut	40	Gelb	Juli - August	Trocken	Blätter immergrün, silbrig
Sedum 'Herbstfreude'	Fetthenne	40	Rosa	September - Oktober	Trocken	-
Sedum sp.	Mauerpeffer	10	Gelb	Juni - Juli	Trocken	-
Stachys byzantina	Woll-Ziest	40	Rosa	Juli - August	Durchlässig	Silbrig behaart
Verbascum densiflorum	Großblütige Königskerze	100	Gelb	Juli - August	Mager, trocken	Zweijährig, silbrige Blätter

Blütenstauden für halbschattige bis schattige Standorte

Botanischer Name	Deutscher Name	Wuchs-höhe (cm)	Blüten-farbe	Blüh-zeit	Boden-ansprüche	Licht-ansprüche	Besonderes
Alchemilla mollis	Frauenmantel	30	Grün-gelb	Juni - Juli	Anspruchs-los	Sonne bis Schatten	Blatt-schmuck
Aquilegia vulgaris	Akelei	30-60	Weiß, rosa, blau	Mai - Juli	Durch-lässig	Halb-schatten	-
Aruncus dioicus	Wald-Geißbart	60-150	Weiß	Juli - August	Humos, frisch	Sonne bis Schatten	-
Asarum europaeum	Europäische Haselwurz	5	Braun	März - Mai	Humos, frisch	Bodendecker für Schatten	-
Asplenium scolopendrium	Hirsch-zungenfarn	30	-	-	Frisch bis feucht	Schatten	-
Bergenia cordifolia	Bergenie, Riesensteinbrech	30	Weiß	April - Mai	Anspruchs-los	Sonne bis Schatten	-
Corydalis lutea	Gelber Lerchensporn	30	Gelb	Juni - September	Durch-lässig	Bodendecker in Sonne bis Schatten	-
Dicentra spectabilis	Tränendes Herz	70	Rosa	Mai - Juni	Nährstoff-reich	Halb-schatten	-
Dryopteris filix-mas	Gewöhnlicher Wurmfarn	80	-	-	Humos, frisch	Schatten	-
Epimedium rubrum	Elfenblume	25	Purpur-rot	Mai - Juni	Humos	Bodendecker für Halb-schatten	-
Galium odoratum	Waldmeister	20	Weiß	März - April	Humos, trocken	Schatten	Duft
Geranium sanguineum	Blut-Storchschnabel	40	Purpur-rot	Mai - August	Durch-lässig	Halb-schatten	-
Geranium phaeum	Brauner Storchschnabel	30	Schwarz-violett	Mai - Juni	-	-	-
Heuchera x brizoides	Purpur-glöckchen	50	Rot	Juni - Juli	Nährstoff-reich	Halb-schatten	-
Hosta-Arten	Funkie, Herzblatt	40-60	Violett - weiß	Juli - August	Nährstoff-reich	Schatten	Variationen von Blattfarben und -formen
Lamiastrum galeobdolon	Goldnessel	20	Gelb	Mai - Juni	Anspruchs-los	Bodendecker im Schatten	Breitet sich gerne aus, sehr wüchsig
Lamium maculatum	Taubnessel	20	Rosa	April - Juli	Humos	Bodendecker im Schatten	-
Omphalodes verna	Gedenkemein	20	Hellblau	April - Mai	Humos	Bodendecker im Halb-schatten	-
Polygonatum multiflorum	Wald-Salomonsiegel	30-60	Weiß	Mai - Juni	Anspruchs-los	Schatten	-
Pulmonaria officinalis	Echtes Lungenkraut	20	Rosa - blau	März - Mai	Frisch bis wechselfeucht	Schatten	-
Symphytum officinale	Gewöhnlicher Beinwell	60	Rosa	Mai - Juli	Nährstoff-reich	Bodendecker im Schatten	-

Bunte Auswahl an Sträuchern

Botanischer Name	Deutscher Name	Höhe (m)	Blütenfarbe	Blühzeit	Bodenansprüche	Lichtansprüche	Sonstiges
Amelanchier ovalis	Felsenbirne	3-6	Weiß	April	Durchlässig	Sonne	Essbare Früchte, Herbstfärbung
Buddleija davidii	Sommerflieder	4	Weiß, rosa, blau	Juli - September	Auch trocken	Sonne	Lockt Schmetterlinge an
Buddleija alternifolia	Kaskaden-Sommerflieder	3	Purpurlila	Juni	-	-	-
Colutea arborescens	Gewöhnlicher Blasenstrauch	3	Gelb	Mai - Oktober	Durchlässig	Sonne bis Halbschatten	Fruchtschmuck
Cornus mas	Kornelkirsche, Dirndlstrauch	3	Gelb	Februar - März	-	Sonne bis Halbschatten	Essbare Früchte
Corylus avellana	Gewöhnliche Hasel	6	Kätzchen	Februar - April	-	Schatten	Haselnüsse
C. avellana 'Contorta'	Korkenzieherhasel	3	-	-	-	-	Gedrehte Äste
Euonymus europaea	Pfaffenkapperl, Pfaffenhütchen	4	Grün (unscheinbar)	Mai - Juni	-	Schatten	Fruchtschmuck (giftig), Herbstfärbung
Hibiscus syriacus	Eibisch	2	Weiß, rosa, blau	Juli - September	Durchlässig	Sonne	-
Kerria japonica 'Golden Guinea'	Einfacher Ranunkelstrauch	2	Gelb	Mai - August	Anspruchslos	Sonne bis Schatten	Ausläuferbildend
K. japonica 'Pleniflora'	Gefüllter Ranunkelstrauch	2	Orangegelb	Juni - Juli	-	-	-
Kolkwitzia amabilis	Kolkwitzie	3	Rosa	Mai - Juni	-	Sonne bis Halbschatten	-
Philadelphus coronarius	Duftjasmin	3	Weiß	Juni - Juli	Anspruchslos	Sonne bis Halbschatten	-
Syringa-Hybriden	Flieder	3-6	Weiß, rosa, violett	Mai - Juni	Anspruchslos	Sonne bis Halbschatten	-
Viburnum lantana	Wolliger Schneeball	3	Weiß	Mai - Juni	Auch trocken	Schatten	-
Viburnum rhytidophyllum	Immergrüner Schneeball	3	Weiß	Mai - Juni	-	Schatten	-
Viburnum opulus	Gewöhnlicher Schneeball	5	Weiß	Mai - Juni	Feucht	Sonne bis Halbschatten	Viele Gartensorten

Bunte Auswahl an kleinen Sträuchern

Botanischer Name	Deutscher Name	Höhe (cm)	Blüten-farbe	Blüh-zeit	Boden-ansprüche	Licht-ansprüche	Sonstiges
Buxus sempervirens 'Suffruticosa'	Zwergbuchs	40	-	-	Durchlässig	Sonne bis Schatten	Immergrün
Caryopteris x clandonensis	Bartblume	80–100	Blau	August	Durchlässig	Sonne	-
Deutzia gracilis	Zwerg-Maiblumen-strauch	75	Weiß	Mai	Nährstoff-reich	Sonne bis Halbschatten	-
Hydrangea macrophylla	Garten-hortensie	75	Weiß, rosa, blau	Juni - Juli	Frisch	Halbschatten	-
Mahonia aquifolium	Mahonie	50	Gelb	April - Mai	Trocken	Halbschatten bis Schatten	-
Prunus tenella	Zwerg-mandel	50–120	Dunkel-rosa	April	Durchlässig	Sonne	-
Rosa sp.	Strauch-rose				Nährstoffreich, durchlässig	Sonne	-
Rosa moschata 'Mozart'	Strauch-rose	150	Rosarot	Öfters-blühend	Auch mager	Sonne	-
Spiraea japonica	Japanischer Spierstrauch	50	Weiß-rosa	Juli - August	Nährstoff-reich, frisch	Sonne	-
Syringa meyeri 'Palibin'	Meyers Flieder	100	Lila	Mai - Juni	Nährstoff-reich, frisch	Sonne bis Halbschatten	-
Viburnum plicatum 'Watanabe'	Zwerg-schneeball	100	Weiß	Juni - Oktober	Humos, frisch	Sonne bis Halbschatten	-

Infos und Adressen

Literatur

Himmelhuber, Peter:
Selbst Vorgärten, Einfahrten und Eingänge gestalten.
Compact Verlag, München 2006

Ott, Eva:
Vorgärten schön gestalten.
BLV Verlag, München 2008

Pirc, Helmut:
Kleine Bäume für kleine Gärten.
avBUCH, Wien 2009

Rasch, Tanja:
Sichtschutz im Garten.
Kosmos Verlag, Stuttgart 2009

Roth, Thomas:
Weidenbauten für naturnahe Gärten.
avBUCH, Wien 2009

Informationszentren Deutschland:

Informationszentrum Garten & Pflanze
Gartenstraße 11
50765 Köln
Tel.: +49(0)221 5 34 02 60
E-Mail:
claudia.dornbusch@lwk-rheinland.nrw.de

Bayerische Gartenakademie
Postfach 1140
97205 Veitshöchheim
Tel.: +49(0)931 980 10
E-Mail: bay.gartenakademie@lwg.bayern.de

Lenne-Akademie für Gartenbau und Gartenkultur
Theodor-Echtermeyer-Weg 1
14979 Großbeeren
Tel.: +49(0)337 015 27 11
E-Mail: referat.gartenbau@lvl.brandenburg.de

Hessische Gartenakademie
Brentano-Straße 9
65366 Geisenheim
Tel.: +49(0)6722 50 28 61
E-Mail: gartenakademie-hessen.gs@hdgln.de

Informationszentren Österreich:

Die Gärtner Burgenlands
Esterhazystraße 15
7000 Eisenstadt
Tel.: +43(0)2682 70 26 54
E-Mail: mario.almesberger@lk-bgld.at

Gärtner-Vereinigung Niederösterreich
Wiener Straße 64
3100 St. Pölten
Tel.: +43(0)2742 2 59 24 04
E-Mail: office@noe-gaertner.at

Bundesverband der österreichischen Gärtner
Schauflergasse 6
1014 Wien
Tel.: +43(0)1 5 34 41 85 59
E-Mail: office@gartenbau.or.at

Wildblumensamen
DI Karin Böhmer
Voitsau 8
3623 Kottes-Purk
Tel.: +43(0)1 769 26 60
www.wildblumensaatgut.at